KB109284

로봇 이야기

차례
Contents

프롤로그

과연 어릴 적 TV에 방영되었던 「우주소년 아톰」이나 「로 보트 태권V」 같은 로봇을 만드는 일이 가능할까? 로봇은 어느 정도까지 똑똑해질 수 있을까? 어릴 때부터 가져온 이러한 소 박한 질문으로 인해 나는 로봇을 만드는 일을 시작했고 지금 까지 얼추 30년의 시간을 보냈다. 당시 머리 속에서 상상하던 것들을 만화로 그리고 나뭇조각으로 뚝딱거리며 만들어 보곤 했는데, 그렇게 즐거웠던 추억들이 가슴 속에 그대로 남아 나 로 하여금 자연스럽게 로봇 만들기에 들어서게 했던 것이다. 그러니 어릴 적 보았던 만화영화가 내 삶의 방향을 바꾸어 놓 지 않았다고 누가 이야기할 수 있겠는가.

과학이란 모름지기 풍부한 상상력을 바탕으로 하는 창조의 과정이니만큼 로봇을 만드는 일은 과학자로서 최고의 일이 아닌가 스스로 자부심을 가지기도 한다. 남이 만들어 보지 못했던 새로운 것을 만든다는 것은 정말로 신나는 일이다. 그 중에서도 자기 자신을 닮은 로봇을 만들어 간다는 것은 재미로 치면 일등일 것이다.

로봇에게 팔과 다리를 만들고 생각할 수 있는 인공 뇌를 장착한 후 전기가 흘러 움직이기 시작할 때의 흥분은 어머니가 자식을 세상에 내보내는 산고의 아픔과 기쁨을 그대로 닮아 있다. 사실 열 달 동안 뱃속의 아이를 위하여 최선을 다하며 출산을 기다리는 산모와 같이 과학자들도 오랜 기다림의 시간들을 보낸다. '연구'란 영어로 'Research'로 번역되는데 이것을 다시 한글로 직역하면 '다시 찾는다'는 의미이다. 찾아보고 실패하면 다시 찾는 과정이 바로 연구라는 뜻이다. 결과를 기다릴 줄 아는 참을성과 끈기, 그리고 자유로운 상상력 등이 어우러져야 드디어 창조의 기쁨을 느낄 수 있으니 가히 틀린 말은 아닌 듯하다.

그간 연구하던 내용들을 바탕으로 일반인에게 보일 로봇 관련 책 한 권을 이제사 내놓는다는 것이 늦은 감도 있지만 한 사람의 연구원으로 연구과정을 정리할 수 있어 나름대로 보람도 느낀다. 부디 많은 이들이 우리나라 로봇 연구의 어제와 오늘, 세계 로봇 연구의 어제와 오늘을 살펴 많은 관심을 가질 수 있다면 졸작을 내놓는 손이 덜 부끄러울 듯싶다.

로봇 인간세계로 들어오다

21세기 들어 과학기술의 급격한 발전은 향후 인간 생활양식의 변화를 짐작할 수조차 없게 만들었다. 라이트 형제가 비행기를 처음 만들어 하늘에 띄운 것이 1903년이니, 비행 역사는 이제 겨우 100여 년이 됐을 뿐이다. 10년 전만 하더라도 사람들은 가정용 컴퓨터와 인터넷의 등장에 따른 일상생활의 혁명적인 변화조차 예상하지 못했다. 컴퓨터에 의한 정보공유는 새로운 산업구조의 생성뿐만 아니라 가족관계의 변화와 교육방법의 혁신을 주도하고 있다. 생활의 변화야말로 가히 혁명적이라 하지 않을 수 없다.

그렇다면 10년 후 우리의 생활은 또 어떻게 변화될 것인가? 미래학자를 포함하여 많은 사람들이 다양한 예측을 하고 있지만 그 중에서 가장 큰 영향력을 끼칠 기술 중 하나로 여겨지는 것이 바로 '지능을 가진 로봇'이다.

그렇다면 인간의 어떤 창조물들이 이러한 로봇의 창조를 예고하도록 도움을 준 것일까?

잘 알고 있겠지만 오랜 시간 동안 인간은 자신을 닮은 움직이는 형상을 만들기 위해 많은 노력을 기울여 왔다. 이미 기원전 수 세기 전에 고대 이집트나 그리스에서는 종교적인 목적으로 움직이는 조상(statue)들을 신전에 설치했다.

그림은 서기 85년경 그리스 사람인 히어로 오브 알렉산드리아(Hero of Alexandria)가 만든 작품으로, 술의 신 바커스(Bacchus)

가 제단 밑에서 등장하고 잔에는 와인이 뿌려지며, 드럼과 심벌즈 음악과 함께 제단 주위의 장식띠가 움직이면 다시 바카스 신이 회전하는 재미있는 공연이 가능한 작품이다. 그림에서 보는 바와 같이 이 작품은 추와 도르래로부터 얻은 동력으로 유공압 장치를 작동시킴으로써 전체 기구가 움직일 수 있도록 만들어졌다(Mark Rossheim, *Robot Evolution*).

도르래를 이용한 서기 85년경의 작품.

움직임이 가능한 인형들.

　18세기 유럽에서 만들어진 인형은 회전하는 드럼 위에 부착된 선별기로 울퉁불퉁하게 돌아가는 원 형태의 캠과 지렛대를 이용해 움직이게 한 것으로 상류사회에서 선풍적인 인기를 끌었다.

　위의 두 인형은 17~18세기의 대표적인 작품들이다. 오른쪽 것은 1600년대 중반 스페인의 시계 장인 후아넬로 토레나노(Juanelo Torrenano)의 「시튼 연주자 Citten Player」라는 작품이다. 약 44cm 정도의 높이에, 바퀴를 장착해 앞뒤로 움직일 수 있고 목도 자연스럽게 돌아간다. 게다가 오른팔은 기타를 치는 것 같이 움직이게 할 수도 있다.

　왼쪽 작품은 1774년에 스위스인 피에르 쟈크 드로(Pierre Jaquet-Droz)가 만든 「서기 Scribe」라는 작품으로, 시계 제작 기술을 이용해 매우 섬세한 움직임을 구현하였다. 예를 들어 오른팔이 글씨를 쓰면 눈동자가 이를 쫓아가는 동작이 가능한

「서기 Scribe」의 내부 구조.

식으로, 시계처럼 하나의 스프링 태엽에 의해 전체 움직임이 제어되는 매우 복잡한 구조를 이루고 있다.

왼쪽 그림은 이 인형의 구동 장치를 보여주고 있는데 당대 최고 장인의 솜씨를 엿볼 수 있다. 300~400년 전에 이러한 인형이 만들어졌다니 그저 놀라울 따름이다. 세계적인 관심의 초점이 되고 있는 혼다 사의 두 발로 걷는 로봇 '아시모'를 탄생시킨 일본에서도 이미 몇백 년 전에 당시 유럽과 비슷한 수준의 움직이는 장난감을 만들어냈다.

이와 같이 처음에는 스프링을 이용하던 기기들의 동력원이 점차 유공압 장치로 대치되었다가 이후에는 전기식 모터로 일반화되어 현재에 이르렀다. 지금까지 대부분의 로봇들은 전기식 모터를 구동원으로 사용해왔는데 최근에는 좀더 다양한 구동 장치들이 개발되고 있다. 전기식 모터 또한 그 성능이 지속적으로 향상되고 있기는 하지만 무게나 출력면에서 근본적인 한계가 있기 때문에 혁신적인 구동장치가 지속적으로 개발되고 있다.

로봇이 결국 인간의 기능을 닮아갈 것이라는 관점에서 보면 인간의 근육을 모방한 구동장치 개발이 구동원 분야의 근본적인 해결책이 아닐까 한다. 따라서 몇몇 과학자들은 공압장치, 형상기억합금이나 전도성 고분자 재료를 이용하여 인간의 근육운동을 모사하고자 노력하고 있다. 가볍고 강력한 힘을 낼 수 있는 직선운동 기능의 구동장치를 개발하고자 하는 노력들은 인간의 기능을 가진 로봇 개발에 점점 더 기여할 것으로 판단된다.

로봇의 탄생

늦은 감이 있지만 '로봇'의 어원에 대한 설명을 덧붙인다. 이 단어는 1921년에 발표된 체코의 희곡작가 카렐 카페크(Karel Kapek)의 작품인 「로섬의 인조인간 Rossum's Universal Robots」이라는 희곡에서 처음 쓰였다.

'로봇'은 체코어의 '일한다(robota)'는 말에 어원을 두고 있고, 그 뜻은 '작업자'로 해석될 수 있다. 카페크는 이 희곡에서 기술발달과 인간사회의 관계에 대한 매우 비관적인 견해를 상징적으로 표현해 주목을 받았다. 이 작품에서 인조인간은 정신노동과 육체노동에 있어서는 인간과 똑같이 수행할 수 있으나 인간적 정서나 영혼을 가지지 못하며, 인조인간이 마모되었을 때에는 폐품으로 전락하여 신품과 교환할 수 있는 물건에 지나지 않는 것으로 묘사되었다. 그러나 사실 이 로봇은 노동자로서 인간의 지배를 받는 사회를 비유한 것이었다. 노동을 통해 지능 및 반항정신이 발달된 로봇들이 인간을 멸망시키는 것으로 전개되는데, 결국 로봇은 자신의 주인인 인간을 죽이고 세계를 지배하게 된다.

많은 사람들은 오래 전부터 '로봇의 지능이 급격히 발달하여 인간과 대치할 수 있다'는 상상으로 걱정을 해왔다. 이 부분에 있어서는 로봇의 아버지라 불리는 공상과학소설가 아시모프(Isaac Asimov)도 비슷한 우려를 표했다. 1950년에 출판된 그의 책 『아이 로봇 *I Robot*』에서는 지능을 가진 로봇을 만들 때의 3가지 조건을 이야기하는데 소개하자면 아래와 같다.

첫째, 로봇은 인간을 해쳐서는 안 되고,

둘째, 인간의 명령이 첫째 조건을 위배하지 않으면 항상 지켜야 하며,

셋째, 로봇은 위의 두 가지 조건을 만족할 경우에만 자기를 지킬 수 있다.

이것은 사회적으로 '로봇의 존재를 어떻게 받아들일 것이냐'하는 문제로서, 로봇과 인간이 공존하게 될 미래사회에 대한 방어책으로 보인다.

로봇의 오늘

지난 수십 년 동안 로봇은 생산현장에서 노동자의 단순하고 힘든 역할을 충실히 대신해 왔다. 자동차 생산 공정에서 산

업용 로봇은 이제 없어서는 안 될 장비로 자리 잡았는데, 사실 이러한 공정의 발달 없이는 어떠한 경쟁력도 기대할 수 없을 정도이다.

역사를 거슬러 올라가 볼 때, 산업현장에서의 최초의 로봇 사용은 1962년에 미국의 자동차 회사인 GM이 유니메이션 사(Unimation Inc.)의 산업용 로봇을 실제 생산라인에 적용한 것이었다. 물건의 이송을 위해 처음 사용된 산업용 로봇은 2000년을 기점으로 세계적으로 1백만 대 이상 생산되어 생산현장에 투입되고 있다. 로봇들은 전자 및 자동차 회사에서 주로 사용되고 있는데, 물건의 용접 및 조립, 검사 등 모든 생산현장에서 인간의 작업을 대신하고 있다. 물론 21세기에는 더욱 빠른 속도로 그 사용영역을 넓혀갈 것이다.

우리나라 로봇산업의 발달은 전자·자동차 산업의 발달과

자동차 공장의 산업용 로봇을 이용한 차체 조립 라인 (현대자동차 내부).

그 맥을 같이 하고 있는데, 산업용 로봇의 활용대수로 본다면 일본, 미국, 독일 다음이라고 한다. 노동자 1만 명당 상대적인 로봇의 사용비중이 일본을 제외하고는 거의 세계 최고 수준에 도달해 있는 것이다(IFR, World Robotics 2001).

독일 자동차 회사인 폭스바겐 사(Volkswagen Inc.)의 차체 조립공장 중에는 작업자가 한 명도 없는 완전 무인화 생산공장이 있는데 이 곳에서는 모든 작업이 컴퓨터와 로봇에 의해 수행된다. 이는 미래의 생산 스타일이라고 평가할 수 있다. 일본의 로봇 생산업체 중 하나인 화낙 사(Fanuc Inc.)의 로봇 제어기 생산공장도 완전 무인화되어 있는 등 현대는 바야흐로 로봇이 로봇을 생산하는 시대라고 할 수 있다. 인간이 들어갈 수 없는 열악한 환경에서 페인트를 칠하는 작업이나 정밀함을 요하는 반도체 공정에서 정확하고 빠른 작업을 하는 로봇들은 이미 인간의 한계를 넘어 인간보다도 뛰어난 작업 성능을 보여주고 있다. 생산 제품의 질을 유지하기 위해서도 이제는 산업용 로봇이 없는 공장을 상상하기조차 어려운 상황이다. 하루 24시간 일하며, 쉬는 시간도 필요 없고 임

골프 캐디 로봇. 콜프프로 사(GolfPro Inc.) 보유.

주유소 급유 로봇.
독일 프라운호퍼 아이피 에이
(Fraunhofer IPA) 제작.

금을 올려달라고 파업도 하지 않는 묵묵한 일꾼인 로봇은 인간을 제치고 최고 노동자의 위치에까지 올라서고 있는 것이다.

20세기 후반까지도 인간과 격리된 공장 내 생산현장에서만 그 역할을 찾을 수 있었던 로봇은 컴퓨터 및 반도체 기술의 비약적인 발달에 힘입어 그 활동영역을 넓히는 데 성공했다. 뒤에 부연설명을 하겠으나 점차 인간에게 다양한 서비스를 제공할 수 있는 로봇들이 출현하고 있다. 집안청소를 대신하는 로봇, 잔디깎기 로봇, 골프 캐디로봇, 화재현장과 같이 위험한 환경에서 소방관을 대신하는 로봇이 등장했고, 안내, 경비로봇 등의 시제품이 선을 보이고 있으며 그 중 일부는 상업적으로 팔리기 시작했다. 유럽과 같이 인건비가 비싼 나라에서는 주유소에서 휘발유를 넣어주는 로봇이 상용화되고 있다.

소프트 웨어 로봇

마크 와이저.

미국 파올로 알토(Palo Alto)에 위치한 제록스(Xerox-PARC) 연구소에 들어서면 여기가 과연 복사기 및 프린터 기기로 유명한 회사의 연구소인가 하는 생각이 먼저 든다. 프린터 등에 관련된 연구개발은 찾아보기 어렵고, 오히려 전혀 연관이 없어 보이는 연구들이 진행되고 있어 의아하기까지 하다. 지금까지 그들의 대표적인 연구개발품들을 보면 더욱 그렇다. PC에서 사용하고 있는 윈도우 형태를 갖춘 컴퓨터용 그래픽 사용자 인터페이스(graphic user interface), 컴퓨터용 첫 상용화 마우스, 레이저 프린터, 이더넷(ethernet) 장치 등이 개발된 시기를 보면 원천 기술개발에 대한 그들의 의지를 읽을 수 있다.

연구개발에 대한 이 연구소의 매우 진취적이고 개방된 자세는 연구소 이곳저곳에서 쉽게 느낄 수 있는데 그 중 누울 수 있는 소파를 갖춘 회의실, 항상 개방되어 있는 헬스클럽 등은 특히 인상적이다. 연구소 한쪽 벽면에 걸려있는 유비쿼터스 컴퓨팅(ubiquitous computing)의 창시자인 마크 와이저(Mark Weiser, 1952~1999)의 사진을 보면 그들의 연구에 대한 자부심을 느낄 수 있다. "인간이 왜 항상 컴퓨터 앞으로 다가가야 하는가"라는 의문에 대한 해결책으로 그가 제시한 유비쿼터스 컴퓨팅 개념은 십수 년이나 시대를 앞선 것이었으니 그저 놀라울 뿐이다. '유비쿼터스(ubiquitous)'라는 말은 '언제 어디서나'라는 의미를 가지고 있는데 인간이 존재하는 환경에 자연스럽게 더불어 존재할 수 있는 컴퓨터 기술을 일컫는다.

톰 크루즈 주연의 영화 「마이너리티 리포트」를 보면 과학자들이 상상하는 첨단 기술들이 등장한다. 인간과 사이버 공간과의 현란한 상호작용, 길거리를 걷는 중에도 가능한 홍체인식에 의한 신원확인 시스템, 거미로봇에 의한 범인 색출장치 등은 단지 작가의 상상만이 아닌 철저한 과학적인 근거를 둔 미래의 모습으로 생각된다.

도처에 숨어있는 홍체인식장치는 앞서 이야기한 유비쿼터스 컴퓨팅의 최종 단말장치 중의 한 형태가 될 것이다. 우리들 눈에 보이지는 않지만 이러한 단말장치들은 광고판 속이나 의자, TV 속에도 존재하여 인간과 컴퓨터가 언제 어디에서나 연결될 수 있을 것이다. 이들을 관장하는 주체로는 매우 지능적인 에이전트가 필요한데, 하드웨어 형태가 아닌 소프트웨어의 형태로 존재하는 소프트웨어 로봇(컴퓨터 속에만 존재하는 로봇 형태의 가상체)이 그 기능을 담당하게 될 것이다. 즉, 소프트웨어 로봇은 유비쿼터스 컴퓨팅 환경과 결합하여 인간-컴퓨터 간의 존재공간 전체를 새롭고 강력하게 제어하는 주체가 되는 것이다. 이 소프트웨어 로봇은 사용자와의 좀더 인간적인 교류-예를 들어 현재의 키보드나 마우스 대신 음성이나 몸 움직임을 통해 이루어지는 사용자와의 상호작용 등-를 구현하는 데 중요한 역할을 하게 될 것이다. 이는 곧 로봇이 친구와 대화하듯이 정보를 추출하고 사용자의 감정과 의도를 인식할 수 있는, 그야말로 생명력을 갖춘 존재가 된다는 것을 의미한다. 이러한 로봇은 우리가 볼 수 없는 곳에 있는 강력한 컴퓨터뿐 아니라 우리가 항상 지니고 다니는 휴대폰이나 타고 다니는 자동차 속에도 존재하여, 바야흐로 좀더 넓은 의미의 유비쿼터스 로봇의 개념으로 발전하게 될 것이다. 나 아닌 또 하나의 다른 개체가 나와 항상 함께 하는 이러한 환경을 통해 인간생활의 패러다임은 이전과 전혀 다른 것이 될 것이다.

지능형 로봇의 상용화

산업현장에서 그 능력을 인정받은 로봇들은 20세기 말에 드디어 좀더 넓은 세계로 그 첫발을 내딛게 된다. 대표적인 로봇이 몇 년 전 발표된 일본 소니 사의 '아이보(Aibo)'다. 1999년 6월부터 소니 사는 감정 표현이 가능한 이 애완용 강아지 로봇을 미국과 유럽 등에서 판매하였다. 처음 시판 시 아이보

소니 사의 아이보.

는 3백만 원이 넘는 비싼 가격에도 불구하고 단 20분 만에 인터넷을 통해 5천 대가 팔릴 정도로 예상을 뛰어넘는 엄청난 호응을 얻었는데, 이는 일반인뿐만 아니라 개발담당자들까지도 놀라게 한 기록이다. 사실 많은 사람들이 이 로봇의 가격과 기능을 생각할 때 인기가 별로 없을 것으로 예상하였지만, 막상 출시되자 폭발적으로 인기를 끌어 세계 각처로 팔려 나갔던 것이다. 일본에서는 아이보 클럽이 형성되고 마치 애완용 개를 키우듯 로봇을 훈련시킨 사람들이 모여 경연대회를 열기도 한다.

아이보의 폭발적인 인기는 관련산업의 급속한 발전에 불씨를 당긴 셈이 되었는데, 일례로 세계적인 완구업체들은 현재 경쟁적으로 인간의 기능을 장착한 장난감 로봇을 개발하고 있는 중이다. 이에 따라 상업적으로 가장 먼저 성공할 수 있는 지능형 로봇의 형태를 장난감 로봇이라고 예상하는 사람들이 늘어나고 있다. 이러한 현상은 결국 지능 로봇에 대한 인간의 욕구가 얼마나 큰지를 잘 보여주고 있는 셈이다.

미국의 하스브로(Hasbro) 사가 개발한 '내 진정한 아기(My real baby)'라는 이름의 장난감 로봇은 전통적인 인형의 모습을 하고 있는데, 향후 이 분야의 발전방향을 잘 보여주고 있는 제품이라 할 수 있다. 이 제품에는 자연스러운 인간의 표정을 구현할 수 있는 수십 개의 모터와 음성인식 등 감성의 교류가 가능한 다양한 센서 등의 첨단시스템이 장착되어 있다. 단순한 움직임만이 가능했던 이전까지의 로봇과 달리 이제는 인간과 감정이 통하고 언어의 소통도 가능한 지능형 로봇으로 변모한 것이다. '내 진정한 아기'는 섬뜩한 느낌이 들 정도로 그 얼굴 움직임과 반응이 아기의 그것과 매우 흡사하고, 주인이 잘 돌보아 주면 말을 하기 시작하는 등 아기의 성장과정과 비슷하게 만들어진 제품이지만, 안타깝게도 아직까지 상업적으로 성공을 거두었다는 소식은 들려오지 않고 있다.

친숙한 또 하나의 미래형 로봇을 소개하겠다. 이미 우리의 일부가 되어버린 이 로봇은 다름 아닌 우리가 매일 들고 다니는 휴대폰이다. 휴대폰은 이미 통화 기능 외에도 음악파일 재생, 카메라 촬영, 동영상 녹화, TV시청 등의 다양한 오락 기능들을 가지고 있다.

이렇게 계속적인 기능향상 외에도 카메라와 음성인식모듈을 이용한 다양한 인지기능 등이 부가된다면 과거에는 예상할 수 없을 만큼 휴대폰의 역할이 커질 것으로 보인다. 예를 들어 전원을 켜면 휴대폰은 내장카메라를 이용해 주인의 얼굴을 인식하여 통화자를 확인할 수 있을 뿐만 아니라 주인의 표정에 따라 다양한 대응을 할 수 있게 될 것이다. 다시 말하면 휴대폰에 인간의 기능을 부가함으로써, 단순한 기계의 차원을 뛰어넘어 휴대폰으로 하여금 움직이는 비서 혹은 무료함을 달래주는 친구 역할을 충실히 수행하게 할 수 있는 것이다. 이렇게 되면 휴대폰의 부가서비스 기능이 휴대폰의 상품경쟁력을 좌우하게 될 것이다.

더 나아가 지능형 로봇기술은 휴대폰뿐만 아니라 다양한 분야에서 매우 폭넓게 응용될 수 있다. 일례로 자동차에도 이러한 로봇의 지능 기술을 적용하기 위한 노력이 지속적으로 이루어지고 있다. 자동차의 경우에는 주로 주행 중의 안전확보로, 이를 위해 연구·개발되고 있는 기술로는 카메라를 이용한 운전자의 졸음운전여부 판별기술, 차선감지 등을 통한 주행경로이탈 방지기술 그리고 거리센서 등을 이용한 충돌 방지기술 등이 있다. 안전확보 다음으로 중요한 기능은 주행 자체의 편리성으로, GPS를 이용한 텔레매틱스(telematics) 기술이 이러한 범주에 속한다 할 수 있다. 여기에 인간과의 상호작용을 가능하게 하는 좀더 높은 지능형 로봇기술이 적용되면 휴대폰과 마찬가지로 자동차 분야에서도 이전과는 다른 차원의 서비스가 가능해질 수 있다. 예를 들어 음성인식을 기반으로 하는 정보제공기술, 개인별로 특화된 운전습관에 기반한 안전운전 도우미기술 등은 매우 현실적인 기술이 될 것이다.
2004년 4월에 미국 라스베가스에서 미 국방성 산하 기관인

다르파(DARPA) 주관으로 무인자동차 사막횡단대회가 개최되었다. 사람의 도움 없이 혼자 판단하고 운전하면서 정해진 거리를 최단시간 안에 주행한 참가자에게 1백만 달러의 상금을 지급하는 대회였는데, 결국 결승점을 주파한 팀은 한 팀도 없었다. 이러한 대회는 국방성 등이 차세대 무인자동차 기술을 확보하기 위해 쏟는 노력의 일환이라 할 수 있다.

지능형 자동차 이외에도 지능형 홈, 빌딩, 무인비행기 등 지능형 로봇의 기술이 적용될 수 있는 분야는 매우 다양하다. 따라서 우리나라의 주요산업분야에 지능형 로봇기술들을 투입하면 향후 새로운 성장의 동력원이 될 수 있을 것이다.

일본 로봇의 대명사 아시모

자동차와 오토바이 메이커인 혼다 사가 두 다리 보행형 휴머노이드(인간형 로봇) 개발에 뛰어든 것은 1980년대로, 이미 20여 년의 역사를 갖고 있다. 지능형 로봇 분야와는 거리가 있어 보이는 혼다가 로봇연구에 뛰어든 이유에 대해 하타노 유지[波多野裕史] 기업홍보팀장은 "자동차도 로봇도 이동체(移動體)인 점이 똑같고, 무엇보다 언젠가 로봇산업은 엄청난 시장이 될 것으로 보았기 때문이다"라고 설명했다.

그로부터 20여 년의 시간이 흘러 혼다 사에서 개발한 로봇이 바로 '아시모(ASIMO)'다. 아시모의 걸음걸이를 보는 이들은 '로봇의 동작이 저렇게까지 진화했는가'하고 감탄하기도 한다. 실제로 아시모의 걸음걸이만 보면 사람과 기계와의 차이를 구별해내기 힘들 정도다. 무게중심을 좌우로 기민하게 옮겨가면서 두 발을 내딛는 모습이 마치 사람이 들어가 있는 듯 자연스럽기 때문이다. 키 1.2m, 몸무게 43kg의 체구는 책가방을 멘 초등학교 어린이의 모습을 연상케 한다.

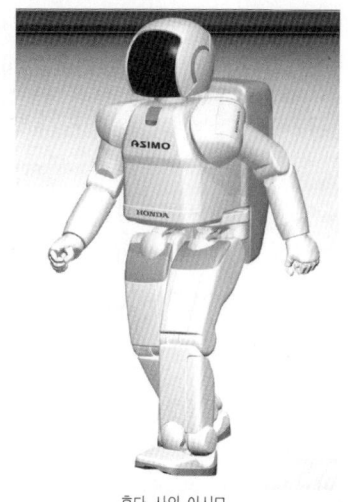

혼다 사의 아시모.

아시모를 만난 필자의 개인적인 경험을 털어 놓으려면 2002년 12월 취재를 위해 방문한 도쿄 아오야마[青山]의 혼다 자동차 본사 빌딩 로비로 장소를 옮겨야 한다.

안내 창구를 찾아간 내 앞을 아시모가 가로질러 간다. 시속 2km의 속도로 걸어가면서 양팔을 돌리기도 하고, '곤니치와(안녕하세요)'라고 인사도 한다. 아시모는 이 빌딩 로비에 상주하면서 하루 몇 차례씩 고객 앞에서 이런 퍼포먼스를 벌이고 있는 것이다.

혼다 사가 2000년에 개발한 아시모는 여러 가지 기록을 갖고 있는데, 그 중 로봇 역사적으로 가장 의미 있는 것은 아시모가 세계 최초로 직립보행하면서 방향을 바꿀 수 있다는 데에 있다. 이전의 로봇은 방향을 바꾸려면 일단 멈춰서야 하는 한계를 지니고 있었기 때문이다.

아시모의 놀라운 보행능력은 '예측운동제어'라는 기술 덕분에 가능해졌다. 사람은 코너를 돌 때 몸의 무게중심을 미리 코너의 안쪽으로 돌려 균형을 잡는다. 마찬가지로 아시모도 다음 동작을 예측, 미리 무게중심을 이동시킴으로써 안정적이고 자연스러운 움직임과 돌발적 상황에 대응하는 것이 가능해졌다.

사람과 구별되지 않을 만큼 동작이 자연스럽다고 해서 아시모는 '혼다 사피엔스(호모 사피엔스에서 따온 말)'로 불리기도 한다. 혼다를 비롯한 일본의 로봇 연구자들에게 주어진 다음 과제는 로봇을 '뛰게 하는 것'이다.

아시모는 혼다 사의 TV광고에 출연, 세계 첫 '로봇 모델'로 데뷔하기도 했다. 또한 지난 2002년 1월 15일에는 도쿄의 '미래과학관'이라는 전시관에 안내원으로 취업해 세계 최초의 '로봇 회사원'으로 기록될 전망이다. 당시 전시관측은 입사식을 열고 사령장까지 주면서 아시모에게 인간에 준하는 대우를 해주었다.

아시모가 미래과학관에서 받는 연봉(대여요금)은 2,000만 엔(약 2억 원)으로, 담당업무는 관람객을 안내하면서 미리 프로그램으로 입력된 내용을 음성으로 들려주는 것이다. 아시모는 이 밖에도 일본 IBM, 도쿄전력, 이스트21호텔 등에 장기 대여

되어 안내원으로 활약 중이다.

2002년 말에는 1세대 아시모보다 훨씬 대단한 능력을 가진 새 아시모 모델이 탄생했다. 혼다 사의 하타노 기업홍보팀장은 새로 개발한 아시모가 인식과 판단까지 할 수 있는 로봇이라고 설명했다.

구형 아시모는 미리 입력된 대로만 행동할 뿐이었다. 예를 들어 구형 아시모는 걷는 도중에 예상치 못한 장애물을 만나는 등의 돌발상황에 대한 대응능력은 갖추지 못했다. 하지만 새 아시모는 이동 도중 갑자기 사람이 끼어든다든지 하면 스스로 판단해 멈춰서거나, 우회하는 식으로 행동을 수정할 수 있다.

더욱 획기적인 것은 얼굴식별 능력이다. 새 아시모는 머리에 달린 카메라로 사람 얼굴의 윤곽을 파악해 미리 입력해 놓은 사람의 얼굴과 대조하여, 일치여부를 식별해낼 수 있다. 이와 같은 식별 능력은 최대 10명까지 가능하다고 하는데, 움직이는 사람의 얼굴을 카메라로 추적하여 식별하는 기술은 혼다 기술진이 이뤄낸 쾌거라고 할 수 있다.

이뿐만 아니라 새 아시모는 잡음이 들리는 환경 속에서도 사람의 음성을 식별하고 음원(音源)을 확인할 수 있다. 따라서 이름을 불러주는 사람 쪽으로 향하거나, 말하는 사람의 얼굴을 바라보면서 응답하는 등 마치 사람과 같은 반응을 보일 수도 있게 된 것이다.

또한 사람의 동작을 인식해 그 의미를 해석, 반응하는 능력도 갖추고 있다. 예를 들어 사람이 손가락으로 어떤 장소를 가리키면 그 장소를 추정해 이동하거나, 사람이 손을 내밀면 악수에 응하는 등의 능력이 그것이다. 정보단말기와 접속해 의사소통을 하는 네트워크 기능은 기본이다.

하타노 홍보팀장은 새 아시모를 지금 당장 기업의 접수창구에 배치해도 훌륭한 안내원 역할을 할 수 있다고 말한다. 예컨대 약속된 고객의 얼굴을 미리 입력해 두었다가 그 고객이 오면 다가가 이름을 부르면서 인사한 뒤, 해당 직원의 휴대전화로 고객의 도착을 알리면서 그를 회의실로 안내하는 등의 일을 맡아 볼 수 있는 것이다.

하타노 팀장은 이에 덧붙여, 이제 겨우 걸음마 단계이기는 하지만 혼다가 세운 아시모의 목표는 '생활보조자 역할'이라고 밝혔다. 아시모가 각 가정의 생활공간 속에서 사람들과 함께 지내면서 허드렛일이나 비서의 임무를 수행할 수 있도록 개발한다는 것이다. 아시모의 키를 1.2m로 설정한 것도 인간의 생활공간에 맞추기 위해서였다고 한다. 어른 체격에 맞춰 만들어진 식탁이나 창문, 문 손잡이 같은 것을 사용하려면 최소한 이 정도의 높이는 되어야 하기 때문이다.

아시모의 인기가 전 세계적으로 치솟는 덕에 혼다는 이미 톡톡히 본전을 뽑고 있다. 2002년도 2월엔 아시모가 뉴욕증권거래소에 초대돼 개장(開場)을 알리는 벨을 눌렀고, 호주·싱가포르·중국 등의 각종 이벤트에 VIP로 초청되고 있다. 태국에는 1년 예정으로 장기 파견되기도 했다.

아시모는 앞서 밝혔듯 몸값 또한 엄청나다. 일본 국내의 경우 이벤트 같은 곳에 초대될 경우 하루 대여 요금이 200만 엔(약 2,000만 원)에 달한다. 지금은 초고가(超高價)지만, 자동차가 고가품에서 어느 순간 생활용품이 됐듯이, 앞으로는 각 가정이 아시모 같은 '로봇 비서'를 한 대씩 두는 시대가 올 것이라고 하타노 팀장은 말했다.

미래의 로봇

새롭게 펼쳐지고 있는 21세기에는 컴퓨터 기술 발달을 통한 정보화 및 생명공학기술이 실생활에 적용되고 있다. 이에 따라 인간생활의 본질 역시 혁신적으로 변화하여 '삶의 질 향상'이 무엇보다 중요한 화두가 되는 시대가 올 것으로 많은 과학자들이 예상하고 있다. 반면에 급속히 진행되고 있는 인구의 고령화 및 출생인구수의 감소현상 때문에 향후 미래사회에서는 노동인력의 감소와 노인인구의 부양이 심각한 사회문제가 될 것이라는 예상도 나와 있다. 이러한 문제를 근본적으로 해결할 수 있는 대안으로 지능로봇이 가지는 임무는 막중하다.

지능으로 무장한 로봇이 미래에는 어떻게 발전될까? 전통적 의미로서의 로봇은 완벽한 인간의 형상을 향해 계속 발전될 것으로 보인다. 즉, 두 발로 걸으며 인간의 표정을 모사하고 인간과 비슷한 피부를 갖춘 완벽한 형태의 인조인간이 만들어질 것이다. 이러한 로봇들은 인간이 하는 작업을 직접 대신히여 인간을 위험하고 단순한 작업에서 해방시키는 역할을 수행하게 될 것이다.

영국의 미래학자 이언 피어슨(Ian D. Pearson)은 2025년경에는 로봇의 지능이 사람 수준에 도달하고 한 가정 당 로봇 한 대 정도가 배치되어 인간에게 서비스를 하게 될 것이라고 예상했다. 물론 학자들 사이에서 로봇의 지능 수준에 대한 논란은 있지만, 바야흐로 인간과 로봇이 공존하는 시대가 되리라는 것에는 이견이 없다. 이때 인간에게 있어 로봇이라는 존재는 현재의 TV나 자동차처럼 생활필수품으로 자리 잡을 것임에 틀림없다. 이러한 사회가 되면 로봇에게도 인간과 같은 사회성과 도덕성이 요구되는 새로운 질서가 형성될 것으로 보이는데, 예를 들어 길을 걸어갈 때 로봇은 인간에게 길을 먼저 양보해야 한다든가 지하철에서 로봇만을 위한 좌석을 따로 만드는 식의 새로운 사회규범이 필요해질 것이다.

휴머노이드의 미래

많은 로봇 과학자들이 만들어 가고 있는 미래의 로봇, 휴머노이드는 어떤 모습일까?

휴머노이드의 대명사로 친숙한 '아톰'은 2003년 4월 7일이 생일이다. 일본의 천재 만화가 데즈카 오사무는 사람처럼 생각하고 선악의 판단도 가능한 아톰이 이날 탄생하는 것으로

47년 전 만화에서 그렸다. 물론 지금의 현실이 만화의 상상력에 한참 못 미치기는 하지만, 로봇은 이미 우리의 생활 속에 발을 들여놓기 시작했다. 인간과 똑같은 로봇을 탄생시키려는 인류의 꿈은 언제 이루어질 것인가? 필자는 그 최전선의 현장인 미국 펜실베이니아 주 피츠버그의 카네기 멜론대학 내 로보틱스 인스티튜트(Robotics Institute)를 찾아간 적이 있다.

2002년 6월 이 대학 로봇 축구팀을 이끌고 일본에서 열린 로보컵(로봇 월드컵 축구)에서 우승한 마뉴엘라 벨로소 교수의 연구실 문에는 '2050년 로봇 축구팀은 인간 대표팀을 이긴다'고 쓰인 포스터가 붙어 있었다. 실험실로 우리를 안내한 뒤 벨로소 교수는 로봇 2대가 펼치는 게임을 보여줬다. 가로 5m, 세로 2m의 경기장 가운데를 목적지로 삼아 한 대가 공격하고 다른 한 대가 방어하는 1대1 게임이었다. 공격로봇이 수비수를 제치고 목적지에 이르거나 수비로봇이 공격수의 진로를 차단하면 벨로소는 아이처럼 소리를 지르며 즐거워했다. 벨로소는 로봇들이 승부마다 상대의 움직임과 자신의 대응, 그에 따른 승패를 기억해 스스로 다음 동작을 정하도록 입력되어 있다고 말했다. 로봇 스스로 상대를 읽으며 공격 전술을 바꿔 나가기 때문에 이들의 공수(攻守) 패턴은 전혀 예측할 수가 없다는 설명이었다.

"이 게임이 보여주는 것은 로봇의 학습가능성입니다. 어느 날 갑자기 인간의 두뇌에 필적하는 인공지능이 창조되지 않는 한 학습을 통한 진화는 로봇이 인간처럼 되기 위한 유일한 길입니다.”

그는 미래의 로봇은 인간의 마음을 이식하고 영구적인 삶을 누리며 은하계로 퍼져나갈 것이라고 예언한다. 그들이야말로 인류의 후손이며 로보 사피엔스라는 것이다.

1979년 이 대학 컴퓨터공학부 산하에 설립된 이후 카네기멜론 로보틱스 인스티튜트는 전 세계 로봇연구의 최첨단을 달리고 있다. 이 기관에서는 53명의 교수를 포함, 200여 명의 연구 인력이 150여 개의 로봇 관련 프로젝트를 진행하고 있다. 미 국방부, 나사(NASA), 과학재단 등 정부기관과 각종 기업에서 받는 연구비를 합친 한 해 예산이 3천만 달러에 이른다.

이곳에서 가장 앞서 있는 분야는 로봇의 머리와 가슴에 대한 연구로, 학습을 통한 지능의 진화 및 시각음성인식 관련분야이다. 로봇 축구를 응용해 로봇의 학습 능력을 연구하는 벨로소의 프로젝트도 그 한 예이다. 척 초페 소장은 세계 최고 수준인 컴퓨터공학부가 연구에 큰 힘이 되고 있다고 말했다.

‘에티켓을 지키는 로봇’으로 일약 유명해진 ‘그레이스(GRACE)’도 이런 전통 속에서 탄생했다. 연구소 건물 지하에서 만난 ‘그레이스’는 드럼통 같은 몸체에 키가 180cm나 됐다. 그레이스를 만든 시몬스 연구원은 이 로봇이 모니터를 통해 100여 가지 표정을 짓고, 마이크로 사람의 말도 알아듣는다고 말했다.

그레이스는 2002년 8월, 캐나다에서 열린 전미(全美) 인공지능학회에서 첫 선을 보였다. 당시 그레이스는 레이저 센서로 위치를 확인하며 혼자 힘으로 행사장인 컨벤션 홀 밖에서 건물 안 강당까지 찾아가는 데 성공했다.

그러나 그레이스가 유명해진 진짜 이유는 로봇이 인간처럼 예의를 지킬 수 있음을 보여준 것이었다. 컨벤션 홀로 들어선 그레이스는 학회 등록창구 앞으로 가 줄을 서서 기다린 뒤 사람들에게 엘리베이터가 있는 쪽을 물어 탑승하는 모습을 보여줬다. 시몬스는 '그레이스가 가진 딱 하나의 옥에 티라면 MIT에서 온 여성 과학자 앞에서 새치기한 것'이라며 웃었다. 그에 따르면 그레이스는 아직은 미리 입력된 사람의 행동 방식에 따라 행동하는 수준이지만 궁극적으로는 사람과 자유롭게 담소를 나누고 스스로 에티켓을 지키도록 만들 것이라고 한다.

로보틱스 인스티튜트의 사람들은 미래에는 로봇이 인간을 능가할 것이라는 확신에 차 있었다. 가나데 다케오 교수는 2030년이면 컴퓨터의 지력(知力)이 인간을 추월할 것이라고 전망했다. 이곳의 연구원인 한스 모라벡은 '마음의 아이들(Mind Children)'이라는 저서를 통해 2040년에 로봇은 인간을 추월한다고 주장했다. 영화 「A.I.」의 주인공인 데이빗은 미래의 한 로봇회사에서 인간을 사랑할 수 있는 감정을 부여받은 로봇으로 탄생한다. 줄거리는 데이빗이 아이를 잃은 인간 가정에 입양되었다가 버림을 받는다는 것인데, 데이빗은 어머니의 사랑을 얻기 위해 인간이 되고 싶은 로봇의 열정을 보여주고 있다.

이 영화를 보며 드는 의문은 '단순히 인간을 위한 서비스를 담당하는 로봇이 아니라 인간의 감정을 이해하고 자신의 감정

특수조명을 이용해 로봇으로 분장한
카네기 멜론 대학의 인공지능 연구자 한스 모라벡.

또한 인간에게 표현할 수 있는 로봇이 가능할까'라는 것이다. '인간적'이라는 말의 가장 큰 의미는 '감정의 소유'라 할 수 있는데, 로봇이 인간처럼 감정생성과 표현이 가능해진다면 인간과 로봇 간의 구분이 모호해지고 로봇에 대한 인격적 대우에 대해서 심각히 고민해봐야 할 것이다.

앞서 이야기했던 일본 아시모를 중심으로 인간의 이족보행을 모사하여 두 발로 걸을 수 있는 로봇들이 출현하고 있다. 기술의 발달 속도는 무척이나 빨라 곧 뛰어다니는 로봇도 가능할 것으로 보인다. 미국과 달리 국방 분야나 우주개발 분야에의 로봇기술 적용이 어렵고 소프트웨어 부분에서 약세인 일본으로서는 인간을 닮은 인간형 로봇 하드웨어를 개발하는 데 총력을 기울이고 있다. 최근 국가주도의 대형 프로젝트 '인간형 로봇 개발'의 책임자인 동경대 이노우에 교수는 이러한 인간형 로봇 개발을 통한 다양한 적용분야 개발이 향후 일본 로봇산업 성공의 주요한 관건이 될 것으로 보고 있다.

트럼펫을 연주하는 일본 도요타 사의
휴머노이드 도요타 콘서트 로봇.

그러나 비정형화된 환경에서 인간을 대신하는 휴머노이드 로봇의 활용을 위해 해결되어야 할 전제조건은 아직 너무나 많다. 진정한 의미의 하드웨어로서의 인간형 로봇이 가능하려면 인간과 같은 이족보행뿐만 아니라 다양한 작업이 가능한 섬세한 손, 충분한 힘을 가진 튼튼한 팔과 허리가 필요한데 이를 위한 부품은 아직 개발되어 있지 않다는 것이 그 중 하나이다. 결국 기존의 전기모터와 기어로는 인간에 비견하는 힘과 민첩성 등을 가진 장치를 개발하는 것은 어려울 것으로 보인다. 이를 해결하기 위해서는 인간의 근육운동을 모사할 수 있는 매우 효율적인 근육형 구동장치의 개발이 필수적이다.

최근 폴리머를 이용한 전기화학적 모터가 그 가능성을 보이고 있기는 하나, 실용화되기에는 아직 많은 시간을 필요로 한다. 결국 인간의 여러 가지 행위를 대신할 수 있는 진정한 서비스가 가능해지려면 이러한 효율적인 구동장치뿐만 아니라 인간의 감각기능을 대신하는 인간형 눈·귀 센서를 비롯한 온도감지, 촉감 등의 감각기능을 가진 인공피부 등의 감각센서의 개발도 필수적이다. 그러나 인간의 감각기능은 너무도 섬세하고 뛰어나기 때문에 로봇에 이러한 센서를 적용하려면 앞으로도 수십 년의 세월이 걸릴 것으로 보인다.

게다가 인간의 행동을 모사할 수 있는 몸체를 가진 로봇이라 하여 곧바로 인간을 대신할 수 있는 휴머노이드가 되는 것도 아니다. 진정한 휴머노이드는 인간과 같이 사고하고 주변 상황을 인지하며 발전할 수 있는 똑똑한 로봇이어야 한다. 인간형 로봇의 머리를 담당할 인공 뇌 분야 역시 컴퓨터 기술의 비약적인 발전에 힘입어 빠르게 발전하고 있는데, 이 기술로 개발될 로봇은 인간의 뇌 안에서 일어나는 사고의 프로세스를 모방하여 그것을 가장 효율적으로 처리할 수 있는 구조로 발전할 것으로 많은 사람들이 예상하고 있다.

무엇인가를 계속 배워나갈 수 있는 학습능력이 인간과 다른 동물들과의 가장 큰 차이점이라 말하듯이, 로봇이 인간형 로봇으로 완성되기 위해 넘어야 할 결정적인 기술은 역시 인간과 같은 학습능력일 것이다. 엄청난 처리속도와 저장능력을 가진 로봇이 학습능력까지 가지게 되면 로봇의 수준은 예상할 수 없을 정도로 높아질 것이다. 이미 복잡한 계산 및 방대한 데이터의 처리 등에서 인간을 뛰어넘은 컴퓨터의 기능에 인간 수준의 학습능력까지 로봇에게 적용될 경우의 결과들은 매우 조심스러울 수밖에 없을 것으로 예상된다.

과연 미래 로봇들이 인간과 같은 인지능력을 갖게 될 것인가? 이에 대한 대답은 인지 과학자들 간에도 의견이 분분하지만 대략 두 가지 견해로 나누어진다. 첫 번째 견해는 아무리

코그 로봇을 학습시키는
로드니 브룩스 교수.

발달한 컴퓨터 기술이라 해도 인간의 인지과정을 모사하는 수준에 그칠 것으로 보는 시각으로, 다시 말하면 인간 사고의 과정을 미리 정해진 논리대로 처리함으로써 인간 인지과정을 비슷하게 구현하는 수준에 그칠 것이라는 것이다. 따라서 로봇의 지능은 인간이 만든 프로그램을 실행하는 수준의 것이기 때문에 그 결과가 예측 가능하고, 언제라도 인간이 원하면 전원 스위치를 내릴 수 있기 때문에 우리가 상상하는 혼란이나 재앙은 없을 것이라는 견해다.

이와는 반대로 터프츠 대학의 다니엘 데넷과 같은 과학자들은 인간의 인지과정의 핵심은 매우 조직적이고 구체적이기 때문에 이를 곧 컴퓨터 프로그램으로 옮길 수 있다고 보고 있다. 즉, 인간이 외부 환경과 교감하면서 받아들이는 다양한 자극들은 정해진 규칙을 통해 의식을 형성한다는 것이다. 만약 이러한 논리가 맞는다면 로봇이 인간과 같이 인지하고 발전할 수 있는 여지가 생긴다. 다행인지 불행인지 아직 이러한 인간의 생물학적인 인지가 컴퓨터로 재현되었다는 보고는 없다. 그러나 모사를 통해서든 로봇 스스로 인간과 같은 수준의 인지 능력을 가지게 되는 로봇의 지능 개발은 계속될 것으로 보인다. 따라서 그 수준이나 정도는 다르겠지만 인간을 지향하는, 혹은 어떤 면에서는 인간의 기능을 능가하는 똑똑한 로봇은 지속적으로 발전될 것임에 틀림없다. 앞에서도 언급했듯이 이러한 급격한 기술발달이 인류의 미래에 미칠 영향에 대한 우려는 이미 시작되었다. 그 중 선 마이크로시스템스 사(Sun Microsystems)의 대표 과학자이자 공동 창립자인 빌 조이가 『와이어드 *Wired*』 2000년 4월호에 발표한 「왜 미래는 우리를 필요로 하지 않는가? Why the future doesn't need us?」라는 글은 기술의 진보, 특히 유전학과 나노 테크놀로지 및 로봇공학(GNR)기술의 위험성에 대해 논하고 있다. 그의 글에서 다음의 내용을 발췌하였다.

30년 내에 인간 수준의 능력을 가진 컴퓨터가 나오리라는 전망과 함께 새롭게 드는 생각이 있다. 지금 내가 하는 일이 혹시 우리의 종(種)을 대체할 수도 있을 정도의 테크놀로지가 가능한 도구를 만드는 일은 아닐까? 그러한 지능을 가진 로봇이 얼마나 빨리 만들어질 수 있을까? 컴퓨터 기술의 발전 속도로 볼 때 그것은 2030년까지는 가능할 것으로 보인다. 일단 지능을 가진 로봇이 존재하게 되면, 스스로의 자기 복제를 통해 진화하는 로봇이 출현하는 데는 작은 한

걸음만이 필요할 뿐이다. 무엇보다 우리의 경각심을 일으키는 것은 GNR기술이 가진 파괴적인 자기복제의 힘이다.

이것은 로봇이 무한히 발전하게 되면 인간은 로봇에게 더욱 의존하게 되어 그 영향력에서 벗어날 수 없다고 보는 견해로, 매우 섬뜩하고 무서운 이야기임에 틀림없다. 우리는 이것을 과학기술이 미래의 인간 사회에 미칠 여러 영향력을 미리미리 걱정하지 않으면 안 된다는 메시지로 받아들여야 하지 않을까?

어찌되었던 인간의 지능 수준을 넘어설 로봇과 함께 살아가야만 하는 미래 사회는 인간끼리만 이루어진 지금의 사회 질서 구조에 커다란 변화를 가져올 것임에 틀림없다. 로봇과 더불어 살아야 하는 미래의 세상에서는 인간과 로봇 간의 사회 규범뿐만 아니라 인간과 인간, 또 로봇과 로봇 간의 새로운 사회 규범도 필요로 하게 될 것이다. 최근에 개봉된 영화「바이센테니얼 맨」의 주인공 앤드루와 같이 인간의 모습을 하고 인간적인 감성까지 가진 휴머노이드가 우리의 옆에서 때로는 친구가 되고 때로는 하인이 되어 같이 살아가는 새로운 시대가 우리의 생각보다도 더 빨리 다가오고 있다.

로봇을 사랑한 과학자들

  인간을 닮은 로봇을 갖고 싶어 하는 것이 로봇에 특별히 관심이 있고 재능이 있는 사람들만의 바람은 아닌 것 같다. 아주 오래 전부터 인간들은 여러 형태의 움직이는 인형을 만들어 왔는데 이는 하나의 놀이이자 창조적 행위로 인간에게 주요한 흥미거리였다. 어쩌면 인간은 인간의 기능을 가진 움직이는 새로운 피조물을 소유하고픈 욕구를 원초적으로 가지고 있는지도 모르겠다.

  현재 세계적으로 많은 석학들이 이러한 욕구를 해소하기 위해 연구에 연구를 거듭하고 있으니 대표적인 몇몇 과학자와 그들의 성과를 소개하는 것은 현재의 로봇 연구사를 보여주는 중요한 자료가 될 것이다.

사이보그 과학자, 케빈 워윅(Kevin Warwick) 교수

사전에서 사이보그를 찾아보면 '생물 본래의 기관과 같은 기능을 조절하고 제어하는 기계장치를 생물에 이식한 결합체'라 정의되어 있다. 예전에 TV에서 인기를 끌던 「6백만 불의 사나이」나 영화 「로보캅」이 바로 대표적인 '반 기계 반 인간' 개념의 사이보그들이다.

이러한 사이보그들은 대부분 기계장치에 의해 인간의 기능을 훨씬 뛰어넘는 슈퍼맨으로 묘사되는데 과학적으로도 언젠가는 충분히 가능하지 않을까 싶다. 요즈음의 과학기술만 하더라도 심장과 같은 주요 장기들에 문제가 생기면 인공 장치들로 대치할 수 있는 수준까지 발달하였으니, 바야흐로 사이보그 인간들이 실제로 출현하고 있는 것이다. 이러한 과학기술의 발전을 통해 인간 수명이 획기적으로 연장될 것이라는 보도도 심심치 않게 들려오는데, 우리 몸에 문제가 생길 때마다 새로운 인공장기 등으로 대체할 수 있다면 인간은 200년도 살 수 있을지 모르겠다.

몇 년 전 미국 내 한 가족 모두의 피부 밑에 디지털 칩을 이식해 해외토픽이 된 적이 있었다. 아버지가 암을 비롯한 여러 질병으로 고생하고 있었는데, 쌀알 크기 만한 디지털 칩 위에 환자의 병력 및 각종 정보 등을 상세히 기록해 놓아 가족들이 환자를 돌보다가 닥칠 수 있는 위급상황에 적절히 대응

할 수 있도록 고안된 현실적인 방법이었다. 이러한 장치들의 기능이 좀더 보완된다면 그 적용 분야 또한 매우 다양해질 것이다. 예를 들어 개인마다 디지털 칩에 개개인의 모든 의학 기록 등을 보관·갱신할 수 있을 것이고 이러한 정보를 신체의 일부로 만들어 보관해 환자나 군인들이 사용할 수 있을 것이다.

몇 해 전 한국에서 로봇 강연을 했던 영국 레딩 대학의 케빈 워윅 교수는 이 분야에서 선구자적인 연구를 수행하고 있다. 필자와도 같이 저녁 식사를 하며 그의 사이보그 진화론에 대해 이야기를 나눈 적이 있었는데, 당시에는 그의 이론이 너무 앞선 것이라 동의하기 어려웠으나 최근에 그의 서적 등을 읽고 나자 그가 가지고 있는 비전을 어느 정도 이해할 수 있게 되었다.

그는 인간이 결국 과학기술의 발전을 통해 사이보그로 진화할 것으로 보고 있는데 사이보그가 되기를 거부하는 집단은 사이보그보다 하류 집단이 되어 이들의 지배를 받게 될 것으로 예상하고 있다. 그가 그리는 미래의 사이보그는 무선 장치로 두뇌가 중앙의 컴퓨터와 연계되어 무한한 정보를 공유하게 됨으로써 새로운 차원의 생활을 영위할 수 있게 된다는 이론이다. 이렇게 되면 생각만으로도 섹스가 가능하고 영화나 TV 역시 직접 볼 필요가 없는 세상이 될 것이라고 한다. 최근에 유행한 영화 「매트릭스」에서도 신호선을 통해 인간의 뇌가 컴퓨터 세계와 연결됨으로써 인간들이 사이버 세계와 대결하는 상황이 등장하는데 이와 비슷한 맥락이라 할 수 있다. 어쨌든 워윅 교수는 50년 후쯤이면 과학적으로 이러한 사이보그가 가능할 것이라고 주장한다.

이를 위해 그는 자신에게 직접 두 차례의 생체실험을 하기도 했다. 1998년에 이루어진 첫 번째 실험은 왼팔 근육 속에 컴퓨터 칩을 삽입한 후 무선통신기술로 컴퓨터에 자신의 위치 정보를 송신함으로써 중앙제어 컴퓨터가 그의 위치를 항상 파악할 수 있게 하는 것이었다. 이를 통해 자신의 사무실 문이 자동으로 열리게 하는 등의 시연을 하기도 했다.

그의 부인도 참여한 두 번째 실험은 2002년의 것으로, 두 사람의 왼쪽 팔 신경에 100개의 전극을 가진 칩을 삽입하여 이를 컴퓨터에 연결하는 것이었다. 두뇌의 작용으로 신경계가

신경칩을 장착한 후 부인과 함께 한 케빈 워윅(Kevin Warwick) 교수.

작동하면 이 칩은 신경 전류를 받아들여 컴퓨터로 송신한다. 예를 들어 그가 손가락을 까닥거리면 그에게 삽입된 칩은 그 신경 신호를 감지하여 컴퓨터로 보내고, 컴퓨터는 이를 자신의 부인에게 재송신하여 부인이 손가락을 까닥거리게 한다는 식의 설정이다. 그는 이 실험을 통해 자신이 아닌 다른 존재로 하여금 실내 전자 장비를 조작하게 하거나 컴퓨터를 직접 제어하도록 하는 데 성공했다고 한다.

그는 감정의 교류도 이러한 방식으로 이루어지게 하는 실험을 계획하고 있는데, 예를 들어 다른 사람이 느끼는 두려움을 내가 그대로 느끼고 다른 사람이 흥분하면 나도 흥분하게 된다는 식의 설정이다. 결국 컴퓨터를 매개로 한 정보 및 감정 공유를 시도하는 것이다. 그는 이러한 기술이 더욱 발전하게 되면 결국 인간 두뇌의 모든 정보를 직접 컴퓨터와 교신하게 될 것으로 믿고 있다.

로봇을 사랑하는 가나데 교수

일본 교토대학 출신인 가나데 다케오 교수는 1992년부터 2001년까지 카네기 멜론 대학 로보틱스 인스티튜트 소장을 지내면서 그곳을 로봇 연구의 메카로 만든 주역이다. 컴퓨터 시각인식 분야의 대가로 통하는 그는 2002년도 미국 수퍼볼 중계에 도입돼 화제를 모은 '아이비전', 즉 동시에 모든 각도에서 선수의 모습을 볼 수 있게 한 프로그램 개발에 결정적인 역할을 했다.

로봇의 미래에 대한 그
의 생각은 명쾌했다. 가나
데 교수는 로봇이 인간을
능가하는 것이 가능할 것으
로 보느냐는 질문에 "안 될
이유가 없다(Why not?)"고
답했다. 그는 컴퓨터의 현
재 발전 속도를 볼 때 2030
년이면 컴퓨터의 연산 및

가나데 교수.

추론능력이 인간을 앞지를 것이라는 전망이 있다며, 그렇다면
로봇이 인간을 추월하는 시점을 2050년이라고 봐도 결코 빠
르지 않은 것이라고 말했다. 가나데 교수는 더 나아가 로봇이
인간과 사랑을 하는 것도 가능하다고 말했다. 그는 사랑, 슬픔,
분노 같은 감정도 결국은 뇌의 작용에 의한 것이라는 점에서
논리적 사고와 본질적으로 다르지 않은 것이라며 논리적으로
생각하는 로봇을 만들 수 있다면 사랑을 느끼는 로봇도 만들
수 있다고 설명했다.

가나데 교수는 로봇이 인간처럼 되기 위해서는 3가지 특성
을 갖춰야 한다고 말하면서, 첫 번째 특성으로 주위상황을 인
식하고 이에 대해 판단할 수 있는 인지능력을 꼽았다. 그러나
가나데 교수는 시각, 청각, 촉각, 후각 등 감각기관을 통한 정
보처리 능력으로 볼 때 로봇은 아직은 유아 수준에 불과하다

고 말했다.

두 번째는 문제해결능력이다. 가나데 교수는 지금까지 컴퓨터나 로봇은 체스처럼 경우의 수가 유한한 작업들만 해왔지만, 컴퓨터의 발전속도를 볼 때 머지않아 경우의 수를 따지는 것으로 해결이 되지 않는 '상식적 사고'도 할 수 있을 것이라고 말했다.

"이것은 철학적 문제를 일으킬 수 있다"면서 세 번째로 그가 언급한 것은 바로 진화를 통한 재생산능력이다. 그는 세대를 거듭하며 스스로를 개선, 발전시켜나가는 능력이야말로 로봇이 인간처럼 되기 위한 핵심조건이라고 말했다. 이 단계를 넘어선다면 로봇이 인간을 지배할 위험이 생기지 않겠느냐는 질문에 그는 '그럴 수도 있다'고 대답하고 덧붙여 이렇게 말했다. "두 번째 단계에서 멈출 것인지 세 번째 단계까지 갈 것인지는 인간의 선택에 달려 있다. 하지만 세 번째 단계까지 가지 않는다면 '인간 같은 로봇'이라고 할 수는 없을 것이다."

모듈 로봇의 선구자 마크 임

영화 「터미네이터 2」에는 킬러로봇인 'T-1000'이 등장한다. T-1000은 변신 로봇으로, 금속성의 몸체는 한순간 수은처럼 몽글몽글 녹았다가 원하는 형상으로 다시 나타나는 것이 가능하다.

T-1000과 같은 변신 로봇을 만드는 것은 모든 로봇공학자

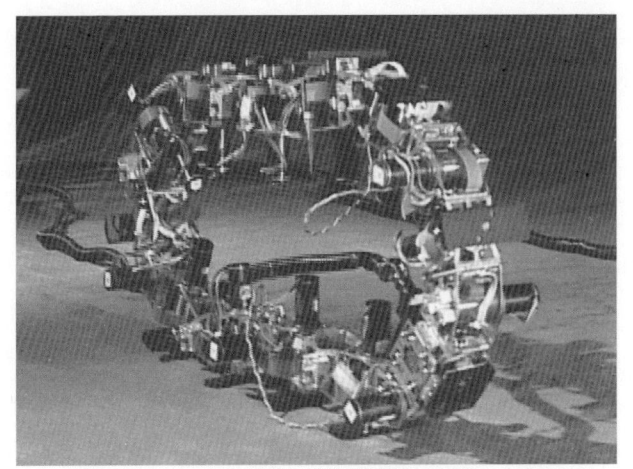
루프 형태로 변신한 모듈 로봇.

의 꿈이다. 변신 로봇은 곧 만능 로봇을 뜻하기 때문이다. 특히 우주, 전쟁터, 사막이나 극지 같은 탐사현장처럼 예측불허의 환경에서의 변신능력은 생존능력과 직결된다. 지진으로 건물이 붕괴된 현장에 투입된 변신 로봇은 뱀처럼 변한 뒤 폐허 사이로 기어들어가다가, 사람을 발견하면 몸체를 둥그런 돔(dome)처럼 만들어 그를 보호하는 일이 가능해지는 것이다.

변신 로봇의 출현이 수 세기 뒤의 일이라고 생각하면 오산이다. 실리콘 밸리가 있는 미국 캘리포니아 주 팔로 알토의 파크(PARC)연구소(제록스 산하 연구소였으나 최근에 독립)에서 모듈 로봇연구팀을 이끌고 있는 재미 한국인 연구원 마크 임(Mark Yim)이 이런 꿈을 거의 실현해가고 있기 때문이다.

마크 임의 아이디어는 간단하지만 독창적이다. 레고 블록 같은 육각형 모양의 모듈(module)들을 조합해 로봇을 만드는 것이다. 그는 스탠포드 대학 박사과정에 있던 1992년에 "마음대로 움직이면서 모양을 자유자재로 변신할 수 있는 로봇은 왜 만들지 않으냐"는 아내의 말에서 아이디어를 얻었다고 한다.

마크 임이 만든 모듈은 마이크로프로세서와 모터가 달려 있다. 각 모듈들은 마이크로프로세서를 통해 이웃 모듈과 정보를 주고받으면서 필요에 따라 모터를 작동시킨다. 그리고 여러 개의 모듈 중 하나가 전체를 지휘하는 중앙두뇌 역할을 맡는다.

"뱀 형태로 조립된 모듈이 있다고 합시다. 각 모듈들은 이웃과 통신하는 동시에 중앙두뇌의 지휘를 받습니다. 중앙 두뇌가 '자, 우리는 지금 일자형이니까 뱀처럼 움직이는 거야'라고 명령을 하면 서로 위아래로 꿈틀대면서 기어가게 됩니다."

그가 만든 스네이크 로봇은 살아있는 뱀처럼 꿈틀대며 야트막한 장애물이나 계단, 대롱을 통과할 수 있다. 고리형은 전차의 캐터필러처럼 굴러서 좀더 큰 장애물을 넘어간다. 4개의 다리를 가진 거미형은 보다 험한 지형을 통과할 수 있다. 더 놀라운 것은 이 로봇들이 스스로 몸의 일부를 떼었다 붙였다 하면서 일자형에서 고리형으로, 고리형에서 거미형으로 모양을 바꿀 수 있다는 것이었다. 각 모듈에 붙은 적외선 센서가 도킹할 부분을 알아서 찾아준다는 것이 그의 설명이었다.

마크 임은 궁극적으로 '지혜의 물질(smart matter)'이라는 것을 꿈꾼다고 한다. 모듈이 점점 작아져서 분자나 원자 수준이 되어 물을 마실 때는 컵으로 변하고, 못을 박을 때는 망치로 변하는 꿈의 물질을 만들고 싶다는 것이다.

'로봇에게 인간의 지능을' 브룩스 교수

MIT 인공지능 연구소의 소장인 로드니 브룩스 교수는 컴퓨터공학과 로봇공학계에서는 이단아로 취급받았던 인물이다. 1986년에 인지과학 분야에서 인지과정에 대한 새로운 이론을 주장함으로써 그전까지 기존 학회에서 통용되었던 인지과정 개념에 정면으로 반박하였기 때문이다.

1980년대에 브룩스 교수는 인지과정의 구조를 '행위기반의 포섭구조(subsumption architecture)'라는 전혀 새로운 개념으로 파악하였는데, 이는 하부구조의 세분화된 단위들이 그들과 연관된 단순 행위들에 그 기반을 갖고, 말단에서 반응하는 것들을 집합으로 이해해 시스템을 통제한다는 인지과정 이론이다. 그는 이것이 인지과정의 전부이며 그 상위단계는 없다고 못박고 있다.

이러한 논리는 인간이 인지하는 과정은 좀더 고급스럽고 복잡할 것이라는 전통적인 개념에 배치되는 것이기 때문에 아직도 많은 학자들에게서 배척받고 있다. 어쨌든 그는 자신의 논리를 증명하기 위해 벌레로봇을 만들어 성공적으로 데모를 수행하였고 이러한 기법을 달 탐사 로봇인 소저너에 적용하여

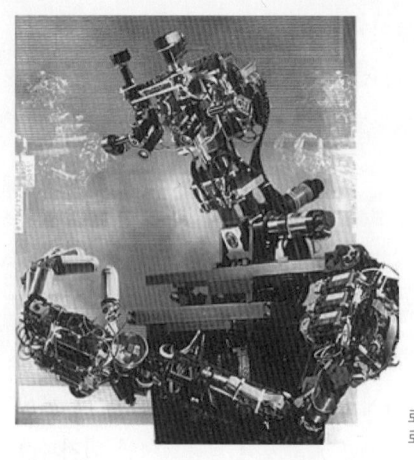

로드니 브룩스 교수의
로봇 코그.

반대론자들의 코를 납작하게 만들었다. 그가 최근에 만들고 있는 인간형 로봇 코그는 그의 이러한 논리를 증명하기 위한 로봇으로, 인간과 같은 반응 및 인지과정을 실험하기 위한 실험 장치다.

몇 년 전 우연히 로봇 관련의 한 학회에서 개인적으로 처음 본 브룩스 교수는 평판만큼이나 매우 독특한 인물로 비춰졌다. 그는 발표장 맨 뒷자리에 혼자 앉아 발표자가 열심히 논문을 발표하는 중에도 계속 컴퓨터 작업을 하고 있었다. 필자 혼자 생각으로는 '발표하는 주제가 재미없어 이메일을 정리하나 보다' 했었는데, 발표가 끝나고 질문시간이 되자 그가 제일 먼저 손을 들더니 신랄한 비판을 하기 시작하는 것이다. 브룩스 교수의 머리 속에서는 마치 컴퓨터 CPU 두세 개가 동시에 돌아가는 것 같았다. 그러한 인상 덕에 필자에게 그는 쉬 지워지

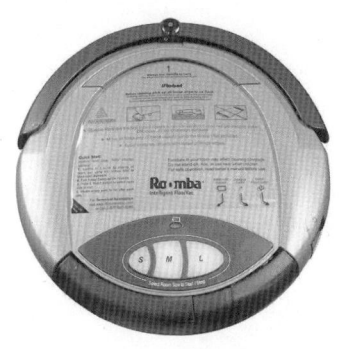

아이로봇 사의 청소로봇 룸바.

지 않는 로봇 과학자로 남아있다.

그는 자신의 개념이 맞다는 것을 증명할 요량으로 그의 제자들이 주축이 된 '아이로봇 사(IROBOT)'를 설립하였다. 이 회사는 앞서 말한 논리를 기반으로 한 청소로봇, 정찰로봇 그리고 장난감로봇을 만들어 판매하고 있다. 실질적으로 사용될 수 있는 로봇을 만들어내고 있다는 점에서 이 회사는 로봇 분야에서 독보적이라 할 수 있다. 앞으로도 계속될 논쟁의 중심에 서있는 브룩스 교수는 아주 역동적이고 실질적으로 자신의 주장을 펼치고 있는 것이다.

영화로 보는 로봇의 세계

로봇 영화의 모태 「금단의 혹성」

SF영화에서 로봇이 등장한 첫 번째 사례는 1956년도에 출시된 미국영화 「금단의 혹성 Forbbiden Planet」이라 한다. 1956년이라면 최근과 달리 영화제작을 위한 컴퓨터기술이 전혀 발달하지 않았을 때이니 영화의 기술 수준이야 충분히 짐작이 되지만 2020년대로 설정한 영화 내용 자체는 아마도 당시에 파격적이었을 것이다. 게다가 「스타워즈」 시리즈의 모태가 되었다고 하니 영화사적으로도 커다란 의미를 가지는 작품이라 할 수 있다.

이 영화에 등장하는 로봇의 사진들을 보면 당시 기술로서

미국 MGM이 제작한 영화 「금단의 혹성」(1956).

는 어쩔 수 없었겠지만 사람이 안에 들어가서 조종한다는 것을 쉽게 알아볼 수 있다. 하긴 「스타워즈」 시리즈의 알투디투(R2D2)도 조그만 난장이가 들어가서 연기한 것이었다 하니 1950년대 영화에서야 당연하지 않나 싶다. 재미있는 것은 「스타워즈」에서 알투디투 및 씨쓰리피오(C3PO)로 연기한 배우들의 이름도 영화 포스터에 당당히 올라 있다는 점이다. 어쨌든 「스타워즈」에 나오기 시작한 이 두 로봇은 미래 공상 영화의 표준 모델들로 여겨지게 되었는데 결국 최근의 로봇의 발달과 정도 이러한 형태에서 크게 다르지 않은 것 같다.

「우주가족」에서 「스타워즈」까지

당대 최고의 SF영화로 손꼽히는 것은 바로 「스타워즈」다. 최근에는 이 작품이 현대판으로 다시 리메이크되어 그 인기가 식을 줄 모르고 있다.

1960년대와 1970년대에 안방극장에서 방영된 TV시리즈인

「우주가족」은 「스타워즈」의 근간을 이룬 작품이라고 해도 손색이 없을 것이다. 필자도 이 시리즈를 보고 자랐는데 당시에 어린이들에게 새로운 흥분을 주었던 작품이었다.

　내용이야 단순한 편이지만 우주에서 방랑하는 가족들에 얽혀 진행되는 설정 자체가 흥미롭기도 하였고 무엇보다도 이 시리즈에 등장하는 다양한 장치들과 항아리 같이 생긴 로봇이 무척이나 재미있었던 기억이 있다. 악당 역으로 나오는 스미스 박사가 가끔 이 로봇의 프로그램을 조작해 말썽을 일으키곤 하였는데 다행인 것은 로봇의 주 전원 스위치를 내리면 로봇은 곧바로 정지된다는 것이었다.

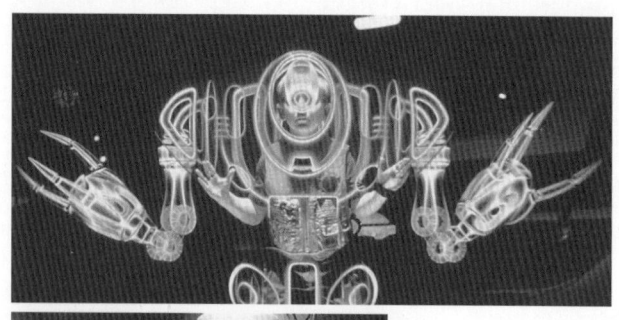

상_ 로봇 원격조종장치.
하_ TV 시리즈 때보다 훨씬 업그레이드된 1999년의 「우주가족」.

몇 년 전에 다시 영화로 제작된 「우주가족」은 예전의 것보다 훨씬 강력하고 업그레이드된 과학기술로 무장되었다. 특히 아들이 로봇을 조종하기 위해 사용하는 원격조종기술은 상당히 과학적인 근거에 입각해 만들어진 것으로 보인다.

　실제로도 매우 다양한 과학기술 분야의 전문가들이 SF영화 제작을 위해서 동원되기 때문에 이들 작품 대부분은 과학적 자문 및 연구를 기반으로 하여 그 사실감을 높이고 있다. 일례로 「스타워즈」 시리즈에 등장하는 전투로봇 드로이드는 컴퓨터 그래픽으로 구현되었는데 실제 로봇과 구분이 안 될 정도로 사실적으로 묘사되고 있다.

　재미있는 것은 이 로봇들을 만드는 과정인데, 이것은 단지 산업디자인에 종사하는 예술적 감각을 가진 사람들의 상상만으로는 이루어지지 않는다. 실제로 기구학적으로 운동하고 기능하는 것을 가능하게 하기 위해서는 로봇 과학자들의 도움이 있어야 하기 때문이다(이러한 디자인 과정을 담은 책은 이미 시중에 나와 있을 정도다).

　영화에 등장하는 로봇을 제어하기 위해 일반적으로 사용되는 기술로는 원격제어와 모션캡쳐 기술이 있는데, 다음 그림에서 보는 바와 같이 조종자의 운동을 실시간으로 측정하여 거기서 나온 데이터로 그래픽 애니메이션이나 실제 로봇을 제어하는 기술이 그것이다. 즉, 영화 속의 로봇은 어떠한 알고리듬이나 지능에 의해 그 움직임이 결정되는 것이 아니라 작업자들이 일일이 입력한 것으로 각각의 자세가 정해지는 것이

다. 이러한 모션캡쳐 기술이 보편화되기 전에는 모든 관절의
각도를 프로그래머가 하나씩 조절하는 방식을 이용하였는데
이것은 무척이나 비효율적이어서 엄청난 인력이 투입되어야
했다.

영화 「아나콘다」의 아나콘다도 실제 크기로 제작된 로봇이
라고 알려져 있는데, 이것 역시 복잡한 원격제어 기술 덕분에
매우 사실적인 움직임이 가능하였던 것으로 보인다.

재미있는 것은 과학기술의 발달과 더불어 영화 속의 로봇
들 또한 그 기능이 점차로 확대되었다는 점이다. 물론 영화 제
작에 필요한 과학기술이 진보함에 따라 그 표현의 수준이 점
점 높아졌다는 의미도 있지만, 그보다는 로봇 자체의 능력에

대한 기대가 높아져 간다는 뜻이다. 「스타워즈」 시대의 로봇들은 기본적으로 인간의 의지에 수동적으로 반응하며 최대한의 서비스를 제공하는 개념에서 벗어나지 않았다. '로봇은 로봇'이라는 대원칙 자체가 흐트러지지 않고 있는 것이다.

「터미네이터」 VS 「A.I.」

「터미네이터」 시리즈에 등장하는 로봇들은 기본적으로 자신을 제작한 주체들에 의해 미리 주입된 기능 이상을 학습할 수 없고, 감정의 표현 등은 절대로 할 수 없는 매우 고기능의 '깡통' 로봇 정도에 해당한다.

「터미테이터」에서는 로봇이 자신의 임무를 훌륭히 수행하고 장렬하게 파괴되는 것으로 끝난다. 이 장면에서 많은 관객들의 눈물을 유도할 수도 있지만 사실 기계는 기계일 뿐이다. 로봇에게 인간성을 기대하는 것은 인간들의 감정일 뿐이다. 로봇은 프로그램된 대로 자폭하지만 인간은 로봇이 스스로 자신을 희생하고 있다고 생각한다. 인간은 스스로 파괴되면서 느끼는 비애를 로봇도 느낄 것이라는 기대감 때문에 슬프다고 느끼는 것이다. 영역이 이렇듯 확실했던 로봇의 개념이 최근에는 점차 바뀌고 있는데 이는 「A.I.」 및 「바이센테니얼 맨」 등에 등장하는, 인간의 감성과 인지능력을 추구하는 로봇의 캐릭터로 대변된다.

「A.I.」에 등장하는 로봇인 데이빗의 경우에는 설정 자체가

영화 「A.I.」에서의
데이빗과 엄마.

'인간성의 부여'에 그 초점이 맞춰져 있다. 데이빗이 입양된 곳은 병에 걸린 아들을 냉동보관하고 있는 가정이었는데, 아들이 병에서 회복하자 데이빗과의 갈등이 생기고 이로 인해 데이빗은 버림을 받게 된다. 결국 로봇인 데이빗은 자신에게 입력된 인간성을 찾아 몸부림치며 여행을 떠난다는, 무척이나 신파적인 스토리이다.

아시모프의 원작을 영화화한 「바이센테니얼 맨」의 설정도 이와 비슷하다. 이 영화는 평범한 가정부로봇을 만드는 로봇 회사가 제작 과정에서의 실수로 로봇에게 우연히 창조성을 부여함으로써 일어나는 일련의 사건들을 중심으로 이야기를 끌어가고 있다.

이 영화들은 미래의 로봇들에게 주어질 수도 있는 인간성 및 지능을 인간들이 어떻게 받아들여야 하는가에 대한 여러 가지 이슈들을 제시하는 데 초점을 맞추어 반향을 일으키기도 했다.

「바이센테니얼 맨」의 앤드류.

「2001년 스페이스 오디세이」

인간의 지능에 근접하거나 인간의 지능 이상의 능력을 가지게 될 기계인 로봇은 미래의 인간사회에 예상치 못한 영향을 미칠 수밖에 없을 것이다. 1968년에 만들어진 스탠리 큐브릭 감독의 「2001년 스페이스 오디세이」는 SF영화 중 기념비적인 작품으로 평가받고 있는데, 이 영화의 주인공은 다름 아닌 인공지능 컴퓨터 'HAL9000'이었다. 전체 줄거리는 인간을 지배하려는 HAL9000이 목성탐사에 나선 디스커버리호의 승무원들을 하나씩 죽여나감으로써 자신의 존재를 증명해 나가는 이야기로 꾸며져 있다.

지능을 갖춘 컴퓨터가 미래에는 인간세계를 지배할 수도 있다는 두려움을 40년 전에 정확히 묘사하고 있는 이 작품의 예지력은 매우 놀랄 만하다. 필자가 개인적으로 SF영화를 좋

영화 「스페이스 오딧세이」의 HAL9000.

아하는 이유는 이렇듯 영화를 만드는 사람들이 미래에 대해 가지는 뛰어난 상상력과 통찰력 때문이기도 하다. 물론 이들이 영화 속에서 제시하는 비관적 예상만은 현실화되지 않기를 바라지만 말이다.

인간의 한계를 넘어선 로봇들

　로봇의 투입용도가 가장 확실한 곳은 '인간이 일하기에는 너무 위험한 환경'이다. 하지만 로봇의 임무는 점차 인간의 단순작업을 대신하거나 인간에게는 위험한 작업환경에서 인간을 대신하는 것 이상으로 매우 다양해지고 있다. 그리하여 이제는 인간보다 더욱 정확하고 빠르며 더군다나 인간에게는 불가능한 일을 수행하는 로봇의 출현까지도 예고되고 있다.

위험이 두렵지 않은 노동자

　우리나라의 한국과학기술연구원(KIST)에서도 개발하고 있는 먹는 캡슐형의 내시경로봇, 외과 의사들의 손떨림까지 제

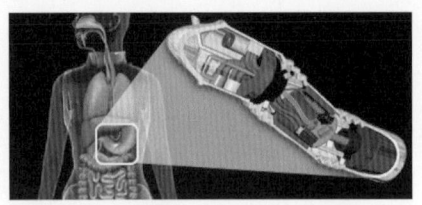

상_ 한국과학기술연구원에서 개발
한 지능형 마이크로 캡슐형의
내시경로봇.
하_ 한국과학기술연구원 위험작업
로봇 롭해즈(ROBHAZ) 2.

거할 수 있는 원격제어 수술로봇 등은 과거에 불가능하게 여
겨졌던 영역으로 로봇의 활동 무대를 넓혀가고 있다. 미래의
생활은 이러한 슈퍼 로봇에 의해 상상하지 못할 정도로 그 양
식이 바뀌게 될 것이다. 나노 혹은 바이오 기술과 맞물려 무한
한 발전을 예고하고 있는 로봇 기술의 끝은 과연 어디쯤 일까?

1986년 옛 소련 우크라이나 지방의 체르노빌 원전(原電)에
서 누출된 방사능으로 인해 소련은 물론 유럽 전역에 광범위
한 영향을 끼쳤다. 당시 전 세계인들은 핵발전소의 추가 붕괴
를 막기 위해 투입된 소방관과 군인들이 목숨을 걸고 진압활
동을 벌이는 모습을 TV에서 지켜보았다. 결국 수백 명의 사상
자를 내고서야 겨우 수습된 체르노빌 사태는 인간이 근접하기
힘든 물리적 조건에서 작업할 수 있는 로봇 시스템의 필요성

을 각국 정부들에 다시 한번 인식시키는 계기가 됐다.

우리가 미래에 기대하는 로봇의 역할 중 가장 활용가치가 높은 분야는 역시 인간을 대신해 위험한 환경에서 일하는 극한(極限) 작업로봇일 것이다. 전쟁터나 테러 현장에서 폭발물을 탐지해 제거하거나 화재 현장에서 구조를 벌이는 일, 대기가 없고 뜨거운 복사열에 노출되어 있는 우주공간이나 상상을 초월하는 수압(水壓)이 작용하는 심해(深海)에서의 작업 등이 그런 예다. 그 밖에도 로봇이 인간을 대신해 활약할 극한공간은 수없이 많다.

많은 선진국들은 이런 필요성에 따라 국가적 차원에서 로봇 프로그램을 수행하고 있다. 일본 통산성이 1983년부터 8년간 진행시켰던 '극한작업 로봇 개발 프로젝트', NASA를 중심으로 한 미국의 '우주탐사용 로봇 개발 프로젝트' 그리고 초소형 비행체와 정찰로봇 같은 다양한 군사용 로봇을 개발하는 '미 국방성 프로젝트' 등이 대표적인 예라 할 수 있다.

지구 표면적의 70%를 차지하고 있는 바닷속이나 영하 수십 도의 극지(極地) 탐사도 우주공간 개발에 못지않게 인류의 미래에 지대한 영향을 끼치는 작업이다. 예를 들어 세계 굴지의 석유 회사들은 원격조종 로봇을 이용해 수심 1㎞ 이상에서 석유 탐사작업을 시도하고 있다. 또한 수년 전에는 수심 6km에서 작업이 가능한 수중로봇 카이코(Kaiko)호가 일본 해양과학 기술센터에서 개발돼 심해에서의 생물진화에 관한 연구와 지구의 지질학 연구 등에 활용할 수 있게 됐다.

한국도 분단대치의 국가상황과 원자력발전의 비중이 크다는 점, 삼면이 바다인 환경 등을 고려할 때 국가가 주도하는 극한작업 로봇의 연구개발 프로그램이 절실하다.

숨쉬지 않는 우주비행사

미국 텍사스 주 휴스턴 미 항공우주국(NASA)의 존슨 스페이스 센터(Johnson Space Center), 그 안의 원격로봇 연구실에서는 나사가 지구상에서 유일한 '우주급' 휴머노이드라고 자랑하는 '로보넛(robonaut)'이 한창 테스트를 받고 있다.

'로봇 우주비행사'를 뜻하는 '로보넛(robot과 astronaut의 합성어)'은 NASA가 2005년 우주선 탑재를 목표로 개발한 원격제어 로봇이다. 프로젝트 책임자인 로버트 앰브로스(Robert Ambrose)는 로보넛을 가리키면서 600만 달러(약 72억 원)짜리 우주 식민지 개척의 첨병이라고 했다.

앰브로스의 자랑과는 달리 로보넛의 외양은 엉성했다. 검투사 같은 머리는 그럴싸했지만 두 팔이 달린 몸통은 보호대를 찬 야구심판의 상체처럼 투박했고, 다리가 없어 걷지도 못했다.

하지만 로보넛을 최고의 휴머노이드로 만든 것은 바로 열 손가락을 지닌 손이었다. 그것은 인간의 손처럼 정교했다. 앰브로스가 모종삽을 건네자 로보넛은 삽을 오른손으로 움켜쥐고 능숙하게 화분갈이를 했다. 로보넛의 연습 도구함 속에는 드릴, 드라이버 및 주사기, 핀셋 같은 각종 공구가 가득했다.

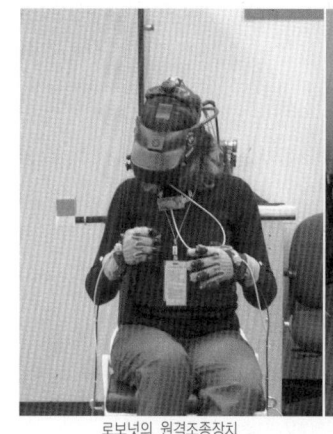

로보넛의 원격조종장치.　　　　　　　　　　로보넛.

"로보넛은 구두끈도 맬 수 있다"는 앰브로스의 말에는 자부심이 묻어났다.

정교한 손동작의 비결은 나사가 자랑하는 '원격체험 조종 기술'이다. 시범을 보인 제니퍼 로칠리스 연구원은 조종을 위해 '사이버 그래스프(cyber grasp)'라는 장갑과 특수 안경을 착용했고, 가슴에는 동작 센서를 달았다. 그녀에 따르면 안경은 로보넛의 눈(두 개의 디지털 카메라)과 귀(마이크)가 포착한 화면과 소리를 전해주고, 장갑은 로보넛의 손가락이 느끼는 힘과 온도를 전해준다.

제니퍼가 고개를 돌리자 로보넛도 같은 방향으로 머리를 움직였다. 그녀가 주먹을 쥐자 로보넛도 손을 움켜쥐었다. 장갑에 달린 센서가 조종자의 손가락 동작을 읽는 것이었다. 모든 신호는 무선으로 전해졌다. 제니퍼는 "내 자신이 로보넛

로보넛 우주작업 개념도.

속에 있는 것 같은 느낌"이라고 말했다.

NASA가 로보넛을 개발한 것은 위험한 우주유영(우주선 밖 우주공간에서 벌이는 활동)으로부터 우주비행사들을 해방시키기 위해서다. 앰브로스는 "사람이 우주공간으로 나가려면 나가기 전에 최소 2~3시간 정도 가만히 앉아 100%의 산소를 들이마셔야 한다." "안 그러면 우주로 나가는 즉시 체액이 기화되면서 죽음에 이르기 때문"이라고 한다.

때문에 우주선 외부에 긴급상황이 발생해도 즉각 출동할 수 없고, 응급 복구도 2~3시간 늦어지게 된다. 또 충분히 준비해 밖으로 나가더라도 14겹의 특수소재로 만들어진 육중한 우주복 탓에 슬로모션처럼 느린 속도로 작업을 해야 한다.

NASA가 찾아낸 이 문제의 해법이 바로 로보넛이었다. 즉, 우주비행사가 우주선 안에서 로봇을 원격조종하는 것이다. 앰브로스는 로보넛도 각종 우주 쓰레기와 고(高)에너지를 가진 우주광선으로부터 부품을 보호하기 위해 방탄섬유로 된 외피(外皮)를 입는다고 말했다.

앰브로스씨는 "미래에 로보넛이 인공지능을 갖게 되면 로보넛 혼자 우주로 나가게 된다"며, 그렇게 되면 우주 개발의 속도는 상상 이상으로 빨라질 것이라고 말했다. 예를 들어, 우주선 중량의 3분의 1 이상은 우주인의 생존에 필수적인 물과 산소, 식량이 차지했지만 로보넛은 이런 것들을 필요로 하지 않는다. 더불어 우주인의 훈련과 생존, 안전보장을 위해 드는 비용 역시 불필요해질 것이므로, 천문학적인 비용 때문에 주춤했던 우주 개발이 다시 활발해질 것이라는 설명이었다.

또한 앰브로스는 "미래의 로보넛은 '필드로봇(바퀴나 궤도를 달고 행성표면 위를 탐사하도록 만들어진 차량형 로봇)'과 한 몸을 이루게 될 것"이라고 하였다. 마치 그리스 신화에 나오는 켄타우로스(상반신은 인간, 하반신은 말인 상상 속의 괴물)와 같은 형상의 로보넛이 우주를 종횡무진할 것이라면서, 그는 미래를 이렇게 묘사했다.

"행성에 착륙한 로보넛은 혼자 기지를 짓고, 탐사를 하고 정보를 지구로 송신할 것입니다. 그는 사람처럼 외로움을 느끼거나 지치지도 않습니다. 태양전지를 통해 스스로 에너지를 창조하면서 부품 수명이 다할 때까지 일하게 됩니다. 이것이 우리가 계획하는 우주 식민지 개발의 청사진입니다."

NASA는 이러한 인간형 로봇과 더불어 행성 탐사로봇의 개발에도 열정을 기울이고 있다.

쌍둥이 로봇인 '스피릿(Sprit)'과 '오퍼튜니티(Oppotunity)'는 2003년 7월 지구에서 발사되어 약 7개월간의 우주 여행 끝에

화성 탐사로봇 스피릿.

4억 7천만 킬로미터 떨어진 화성에 착륙하였다. 가장 중요한 임무는 화성에 물이 있는 지를 확인하는 일이었다. 스피릿은 플래쉬 저장 장치(Flash memory)에 문제가 생겨 제 기능을 다 하지 못했으나 오퍼튜니티는 화성의 구세브 크레이터(움푹 파인 원형 지대)에서 3개월간 탐사를 수행하였다. 인간이 가기에는 너무 먼 행성으로의 여행에서 로봇은 자신의 역할을 찾았다. 먹을 것도 필요 없고 돌아올 것에 대한 걱정도 없다. 산소를 짊어지고 갈 걱정도, 지구에 남겨진 가족도 없다. 오로지 필요한 것은 태양으로부터 에너지를 얻는 것이다. 이 로봇은 카메라 등 다양한 센서들을 이용하여 달 표면을 조심스럽게 이동하며 중요한 물질을 채집·분석하여 그 결과를 지구로 송부할 예정이다.

나노로봇

어릴 적에 읽었던 아이작 아시모프의 소설 「환상적 항해」는 필자에게 과학에 대한 무한한 상상력과 꿈을 주었다. 몇십 년이 지난 지금에도 핏속을 돌아다니는 초소형 잠수정 프로테우스를 타고 인체 탐험의 모험을 함께 떠났던 기억이 생생하다. '정말 인간의 몸속을 항해할 수 있을까?'하며 당시에 가졌던 순박한 상상은 21세기에 들어와 현실로 바뀌고 있다.

실제로 일본 도후쿠[東北]대학의 이시야마 가즈시 교수는 길이가 8mm, 지름이 1mm 미만인 혈관유영로봇을 설계 및 제작하였고, 스웨덴의 린셰핑대학은 사람의 혈액 속에서 간단한 수술 등의 작업이 가능한 길이 0.5mm, 폭 0.25mm의 초소형 로봇을 개발 중이라고 보고하고 있다. 그러나 실제로 약품을 전달하거나 직접 치료가 가능한 로봇은 향후 나노 기술의 발전에 의해 좌우될 것으로 예상된다. 미국 코넬 대학의 나노

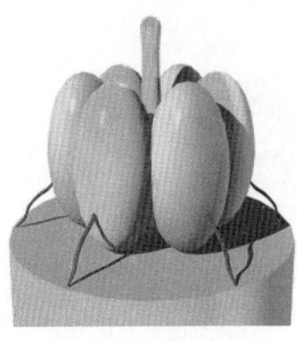

효소 나노 엔진.
지름이 11mm로 프로펠러와 같이
회전한다.

엔진에 관한 연구가 그 대표적인 예로서, 나노 기술로 제작된 프로펠러를 헬기에 장착하고, 생체 에너지로 움직이게 하는 연구를 수행하고 있다.

이러한 나노 로봇이 핏속을 돌아다니기 위해서는 초소형 제어부, 센서 등 해결해야 할 기술들이 남아 있기는 하지만, 어쨌든 이 로봇은 아이직 아시모프의 상상이 틀리지 않았음을 웅변적으로 말해주고 있다.

나노 로봇의 또다른 형태로는 먼지만큼 작고 독립적인 로봇을 상상할 수 있는데 미국 버클리 대학의 크리스 피스터 교수팀이 개발하고 있는 지능형 먼지로봇(Smart dust)이 대표적이다.

이 로봇은 대략 $1mm^3$의 크기에 기본적인 온도센서와 이동을 위한 간단한 구동부를 가지고 있는 형태로 개발되고 있는데 이러한 로봇들을 눈에 보이지 않을 정도로 작게 만들 수 있다면 아주 다양한 분야에 적용할 수 있을 것이다.

크리스 피터스 교수의
마이크로 비행 벌레
(Micro flying insect).

예를 들어 전쟁터에서 이 로봇들을 바람에 날려 보내면 아주 손쉽고 정확하게 적진의 동태파악이 가능해진다. 로봇들은 구름처럼 공중을 떠다니면서 서로 교신하여 그들이 관찰해야 하는 대상들에 대한 정보를 다음과 같이 수집할 수 있게 될 것이다.

1번 로봇 보고: TMS1형의 적군 탱크 한 대가 제 구역을 통과하고 있습니다.

13번 로봇 보고: 이 탱크가 제 구역으로 들어 왔습니다. 종합하면 속도 20km/h로 방향은 북동쪽입니다.

그러나 나노 로봇들의 미래에 대한 반론도 만만치 않다. 이러한 로봇들이 보편화되면 인간의 생활은 꽉 짜여진 통제사회에서 벗어날 수 없게 될 것이고, 그것은 언제 어디에서든 이 로봇들의 감시의 테두리에서 벗어날 수 없다는, 곧 인간의 모든 움직임이나 의도 등이 기록된다는 것을 의미하기 때문이다. 닐 스티븐슨의 소설 『다이아몬드의 시대』에 나오는 나노 로봇들은 서로 게릴라전을 벌이기까지 하는데, 이 로봇들은 인간의 몸에 비듬과 같은 형태로 내려앉아 인간을 감시하고 몸속에 들어가서는 외부의 지령에 의해 폭발하는 능력을 갖고 있다. 단지 인간의 상상에 그칠 이야기인지는 앞으로 두고 볼 일이지만 이미 한 발씩 목표를 이루며 나아가고 있는 현실을 볼 때 그리 먼 이야기만은 아닐 것 같다.

전쟁을 수행하는 로봇

산업혁명 이후에 빠르게 이루어진 기술의 발달이 시장을 재편한 것과 같이 전쟁의 전략과 도구도 새로운 모습으로 바뀌고 있다. 말을 타던 기병의 시대가 끝나고 산업혁명이 일어나면서 전차의 시대가 시작되자 새로운 역사와 변화가 일어난 것과 마찬가지로, 정보화 시대에 들어서면서 나타난 새로운 국방과학 기술은 군사장비와 전략, 그리고 전술에 많은 변화를 몰고 올 것이다.

민간과 군의 과학자, 그리고 주요전략 입안자 및 미래학자들을 인터뷰한 결과, 앞으로 15~20년 동안에 5가지의 주요기술 분야가 군사 혁명을 일으킬 가능성이 높다고 한다. 즉, 로봇공학, 첨단전원과 추진, 소형화, 이동 및 적응 디지털 망, 생명과학 분야에서의 놀라운 진보 등이 여기에 해당된다. 2015년 이후에는 레이저 무기나 지향성 에너지와 같은 기술 분야의 중요성이 높아지지만, 그 이전에 전장에서 널리 응용될 가능성은 희박하다. 상기한 5가지 기술 분야를 효과적으로 적용한다면, 앞으로 수십 년간 군사력의 우위를 장악할 수 있을 것으로 군 관계자들은 판단하고 있다.

미국의 고위 국방관리들은 전 지구 미사일방어 시스템과 같은 방어 시스템이 높은 신뢰성을 가질 때까지, 미군이 더욱더 먼 거리에서 공격할 수 있는 능력을 갖추고 안전과 기동성을 확보하기 위해 규모를 최소화시켜 작지만 강력한 시스템을 개발해야 한다고 믿고 있다. 장거리 원격무기를 발사할 수 있는 무인전투비행체(UCAVs: Unmanned Combat Air Vehicles)와 같은 네트워크로 연결된 로봇 시스템에서부터 소규모의 군수 지원만이 요구되는 소부대의 강력한 시스템에 이르기까지, 상기한 5가지 새로운 기술 분야는 군사력의 배치능력을 계속해서 향상시킬 것이다.

지능화 기계 시대에 접어들면서 자동화 로봇의 개발이 군의 전술과 편성에 혁명을 일으킬 가능성이 매우 높아졌다. 지뢰를 탐지하고 제거하는 무인차량에서부터 병사에게 군수품, 장비 및 탄약을 운반해 주는 로봇 일꾼에 이르기까지, 다양한 종류의 로봇이 병사들을 위험으로부터 보호해 주고 전장에서는 자동화된 장비로 작전을 지원해 준다. 향후 20년간 이러한 시스템이 인간의 여러 가지 임무를 대신할 것으로 예상된다.

무인 전투비행체 보잉 사(Boeing)의 X-45A.

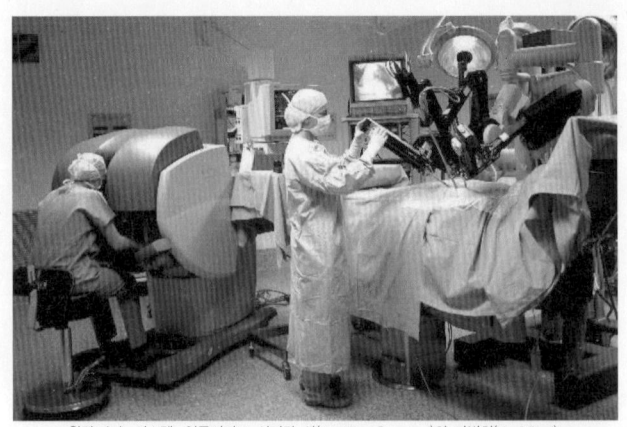

원격 수술 시스템: 인튜이티브 서지칼 사(Intuitive Surgical)의 다빈치(da Vinci).

즉, 적지에서 로봇 센서를 운용한다든지, 최후방에 있는 의사들이 이동식 자동원격 수술실과 로봇 조수를 이용하여 전방의 부상자들을 시술할 수 있게 될 것이다.

미군은 공군이 개발한 저가의 자동화 공격 시스템과 같이 소형 로봇 살상무기를 대량으로 발사할 수 있는 최초의 모델을 무인전투비행체에 적용하고 있다. 수중센서 시스템의 센서망으로부터 지상차량 그룹에 이르기까지, 각군은 육군의 미래 전투 시스템의 한 부분으로 각자에게 적합한 로봇체계를 개발하고 있다. 이동 네트워크의 확장, 컴퓨터 계산능력의 향상, 부품 및 센서의 소형화 그리고 부품가격의 인하가 예상되는 향후 20년간 지능형 로봇 시스템을 통합한 무기체계가 등장할 것으로 예상된다. 이러한 기술의 발달은 15년 이내에 시중 구입이 가능해지는 가정용 보조 로봇과 같은 로봇 제품의 상업

건물과 도시지형에 투입해 정찰 감시를 수행하도록 제작된 '로봇 뱀'(동경공업대학 ACM-R3).

화에 힘입어 더욱 더 촉진될 전망이다.

2000년 8월, 미국 보스턴 시 소재 브란델스(Brandels)대학 연구진이 세계 최초로 인위적인 간섭 없이 재생하고 진화할 수 있는 로봇 시스템을 만들어 냈다. 이러한 사실을 언급하면서, 과학자들은 로봇 능력의 기하급수적인 발달은 이미 시작되었다고 말하고 있다. 지능로봇을 실전에서 운용하기 위해서는 아직 더 먼 길을 가야하지만, 미 육군의 과학자인 마이클 앤드류(Michael Andrews) 박사에 의하면 군에서 운용되는 지능형 로봇은 점차 적합한 수준에 이르고 있다고 한다. 앤드류 박사는 2015년까지 미군이 어느 정도 반자동화된 여러 종류의 로봇 지상 시스템과 무인비행체를 갖추게 될 것이라고 예상하면서 군사적으로 운용할 수 있는 로봇을 만들 수 있는지의 여부가 문제가 아니라, 2015년까지 완전자동화를 이룰 수 있는

KIST의 정찰용 로봇 롭해즈(Robhaz) 3.

지가 더 큰 문제라고 덧붙였다.

소형화, 로봇기술 그리고 고도로 발달된 추진기술이 정교한 독립 전투체제의 개발을 가능케 할 수는 있으나, 진정한 의미에서 혁신을 가져올 수 있는 것은 네트워킹이다. 상업적인 정보기술의 붐으로 인해 현재 개발 중인 네트워킹 기술들은 미육군의 미래 전투 시스템에서부터 해군의 네트워크 중심 전투, 그리고 공군의 실시간 표적데이터를 조종사들에게 제공하는 것에 이르기까지, 여러 가지 시스템과 개념에 폭넓게 적용되고 있다. 미군은 본질적으로 다른 군사력과 시스템을 연결할 수 있도록 안전하고 이동이 가능하며, 적응력이 뛰어난 네트워크를 개발하는 것이 혁신적이고도 새로운 전투 능력을 개발하는데 가장 중요하다고 믿고 있다. 예를 들면, DARPA(Defense Advanced Research Projects Agency)에서는 전장에 용이하게 분

산시켜 병사들의 눈과 귀가 되어서 상황판단을 좀 더 정확하게 할 수 있도록 하는 저렴한 무인지상센서(청각적, 체계적, 전자 시각적 그리고 적외선을 사용한)를 이미 개발 중에 있다. 네트워크 군대를 사용하는 것은 전장의 모든 요원들에게 전장의 시야를 제공해 줌으로써, 표적획득과 관련된 자료를 공유하고 부대간의 협동과 자원분배를 효과적으로 하기 위함이다.

군인 자체의 능력을 배가시키는 프로젝트도 미 국방성의 주도로 개발되고 있다. 그림의 힘 증폭장치는 미국 버클리 대학 인체공학 연구실에서 개발되고 있는데 사람이 이 외골격 형태의 장치에 들어갈 수 있게 설계되어 있다. 이 장치에 장착된 40개의 센서들은 자동으로 인간의 움직임을 감지하여 적절한 힘을 외골격장치를 통해 부가함으로써 이를 입고 있는 군인은 그 전체무게를 견딜 필요가 없게 설계되었다. 실제로 약 45kg이나 되는 이 외골격장치와 31.5kg의 짐을 추가로 탑재한 후 이 장치를 사용하며 보행하였을 때 느껴지는 무게감은 단지 2kg 정도였다고 한다. 앞으로 이 장치는 좀더 가벼워지고 지

힘 증폭장치를 입은 미래 군인.

능적으로 발전하겠지만 이미 인간의 능력을 증폭할 수 있다는 사실을 보여주고 있다. 이 장치가 실용화되면 이를 입은 군인들은 무거운 짐을 지고 장기간 행군 등을 할 수 있게 되어 결국 새로운 형태의 사이보그 군인이 탄생하게 될 것이다.

인간에게 서비스를 제공하는 로봇들

실버로봇 시대

2003년도 대한민국 통계청 자료에 따르면 한국이 어느새 저출산률 세계 1위 국가가 되었다고 한다. 1960~70년대에 '둘만 낳아 잘 기르자'는 표어로 산아제한 정책을 표방하였던 국가가 이제는 아이를 너무 안 낳아 걱정인 시대로 진입하게 된 것이다. 2000년을 기점으로 한국은 65세 이상 고령인구가 전체 인구의 7%이상을 차지하는 고령화 사회로 이미 진입하였고 2030년경에는 미국이나 유럽 등의 최고 선진국들과 마찬가지로 고령인구가 전체 인구의 21%를 상회하는 초고령화 사회가 될 것으로 예측하고 있다. 따라서 연금, 보험 등의 사

실버 로봇 예상도.

회복지와 관련된 문제뿐 아니라 이들의 부양 또한 우리 사회의 가장 크고 심각한 문제가 될 것은 확연하다.

노인들의 부양문제를 해결하기 위해 매우 다양한 방법들이 시도되겠지만, 그 중에서도 특히 로봇에 의한 부양인력의 대체는 매우 현실성 있는 방법으로 고려되고 있다.

혼자 사는 노인들이 겪는 어려운 점은 크게 육체적인 문제와 정신적인 문제로 나눌 수 있는데 육체적 문제로는 보행과 관련된 것이 가장 심각하다. 2001년 미국의 경우 65세 이상의 노인들의 약 30%, 80세 이상의 약 50%가 년 1회 이상 실족사고가 일어났는데, 이렇게 실족으로 인하여 입원한 노인의 50%가 1년 내 사망에 이르러 그 숫자가 1만 명에 이른다는 보고가 있다. 사회학자인 짐펄(F. Gemperle)은 이로 인한 사회적 비용 또한 막대하여 2020년에는 약 32조 원의 사회적 비용이 예상된다고 한다. 정신적인 측면에서는 우울증 등의 심리치료 및 대화상대나 오락상대로서의 감성적 지원, 그리고 인지능력 향상 등의 역할을 로봇이 충실히 수행할 수 있을 것으로 판단하고 있다. 치료나 인지교육 등에는 로봇 특유의 기능들이 요구되는데 예를 들어 치료효과의 체계적 분석은 로봇 안에 들어 있는 판단기능을 이용하여 각 노인의 수준에 맞추어 매우 정확하게 진행될 수 있다.

또한 로봇은 시각, 청각, 후각 그리고 촉감 센서들을 이용하여 노인들의 표정, 기분, 의도 등을 알아낼 수 있기 때문에, 의사를 대신하여 이에 기반한 전문가 시스템 등을 탑재하는 등 장기간을 요하는 심리치료능력 또는 인지능력 향상 등을 도모할 수도 있을 것이다. 이 외에도 수시로 노인들의 건강을 체크

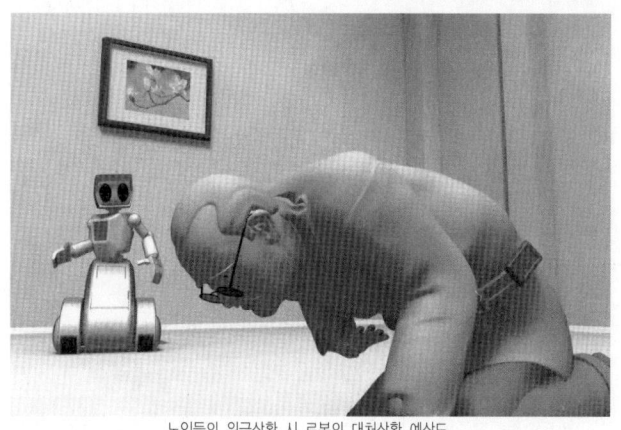

노인들의 위급상황 시 로봇의 대처상황 예상도.

하는 기능 및 위급 시 의사나 119에 연락하는 기능들도 로봇이 수행할 수 있는 매우 훌륭한 기능들로 여겨진다.

이러한 로봇이 실용화되면 이를 중심으로 노인들 간의 사이버 노인정과 같은 새로운 커뮤니티를 형성할 수 있게 될 것이다. 또한 로봇을 통하여 건강을 모니터링하고 밖에서 사회생활을 하는 자식들과도 항시적인 연결이 가능해질 것이다. 이와 같이 새로운 동반자로서 로봇을 활용하는 것은 노인들에게 사회적 소외로부터 벗어날 수 있는 좋은 기회 또한 제공하게 될 것으로 여겨진다.

보행보조로봇은 실내외에서 노인들을 항상 부축해줄 수 있는 최상의 파트너가 되어줄 것으로 보인다. 현재는 보행 자체가 어려운 노약자들의 보행훈련 및 보조장치로 개발되고 있는데 이러한 장치는 군대 등에서 향후 매우 다양하게 응용될 수 있을 것이다.

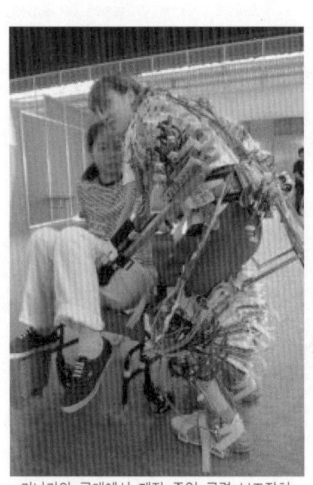
가나가와 공대에서 제작 중인 근력 보조장치.

최근 일본 가나가와[神宗] 공대에서 개발한 근력보조수트는 작업자가 입으면 자신의 몸무게보다 훨씬 무거운 짐을 손쉽게 들어올릴 수 있는 것이 가능함을 보여주었다. 이러한 장치가 좀더 경량화되고 착용성이 개선되면 병원에서는 이것을 장애자 및 노약자들을 위한 재활 보조장치나 행동 보조장치로 활용할 수 있을 것이다. 또한 힘든 육체적인 일을 반복해서 수행해야 하는 노무자들을 일로부터 해방해 주는 꿈의 장치로도 다가설 수 있을 것이다.

가정부로봇

청소를 대신하여 줄 수 있는 로봇은 도대체 언제쯤 살 수 있을까? 주부들의 일 중 가장 귀찮은 설거지를 대신하는 로봇은 언제쯤이나 가능한 것일까? 주부들이 로봇에 대해 거는 가장 큰 기대는 아마도 이런 것들일 것이다. 청소와 설거지에서만이라도 해방될 수 있다면 주부들도 더욱 풍요로운 생활을 영위하게 되지 않을까 싶다. 청소로봇은 이미 세계적으로 상용화 단계에 접어들어 몇 군데 회사에서 첫 제품들을 출시하고 있고 반응도 아주 나쁘지 않은 편이다. 다만 아직 호기심이 많은 사람들에 의해서만 구매가 이루어지고 있는 수준이기 때문에 대중화되기에는 가격이나 성능 면에서 해결되어야 할 점들이 남아있다고 할 수 있겠다. 어쨌든 실질적인 서비스 로봇의 첫 발을 내디뎠다는 점에서 청소로봇은 커다란 의미를 가지고 있다.

장난감로봇에 이어 인간에게 직접적인 서비스가 가능한 로봇들 중 가장 먼저 적용되어 대량으로 생산될 수 있는 분야는 가사와 관련된 쪽이 되지 않을까 생각한다. 주부들의 최대 골

칫거리 중 하나인 청소작업을 로봇이 제대로 대신하기 위해서는 해결해야 할 기술적인 문제가 아직 남아있기는 하지만, 기술의 발전 속도로 볼 때 빠른 시간 안에 실용적인 시스템이 개발될 것이다. 장난감로봇과 청소로봇의 성공적인 적용은 결국 유사한 분야의 로봇 개발을 폭발적으로 유도해 기술적인

독일의 청소로봇 아에게(AEG).

상승효과를 가져올 것임에 틀림없다.

로봇시장의 규모는 2020년이 되면 전 세계 자동차 시장 규모를 능가할 것으로 예측되고 있는데, 그 외 관련 컨텐츠 산업 및 지능형 자동차와 같은 관련산업의 규모를 고려하면 상상할 수 없을 만큼 엄청난 시장이 형성될 것으로 예상된다.

한국도 유수의 대기업들과 중소 전문업체에서 청소로봇을 상용화하기 위한 노력을 경주하고 있으며 조만간 상용화 모델을 출시할 예정이다. 청소로봇이 갖는 의미가 그저 청소라는 작업을 수행함으로써 어려운 집안일을 해결하는 수준에 머물지는 않을 것이다. 실제로 이렇게 집안 내에서 활약하는 로봇

노인용 보행보조 로봇과
외골격 부착 힘 증폭 로봇
(프론티어 지능 로봇 사업단).

이 존재하게 되면 그리고 좀더 다양한 센서와 기능이 실현된 다면 청소작업 이외에도 이 로봇이 해결할 수 있는 일들은 많아질 것이기 때문이다. 쉽게 생각하더라도 일단 집안 식구들의 스케줄 체크 및 인터넷을 통한 정보 제공과 아이들 교육 등은 쉽게 이루어질 것으로 보인다. 로봇이 갖는 특유의 친밀성이 공부에 대한 아이들의 흥미를 유발시킬 수 있을 것이기 때문이다. 또한 저녁약속 때문에 부모들이 아이들만 집안에 남겨놓을 때라도 안심할 수 있다. 휴대폰을 통해 로봇의 눈을 빌려 집안을 살필 수도 있고 아이들과 대화할 수도 있기 때문이다. 결국 청소로봇은 가정부 로봇의 형태로 진화할 것이고, 집안 내의 실질적인 집사의 역할까지 부여받게 될 것이다.

일본의 유명한 가전업체인 소니 사는 몇 년 전 게임기기인 플레이스테이션을 출시하면서 장기적인 계획을 살짝 흘린 적이 있다. 소니 사는 플레이스테이션이 결국 가정 자동화의 중심 역할을 수행할 수 있을 것으로 예견한 것이다. 집안 내 가전제품 제어는 물론 이메일 체크 및 인터넷 검색, 물건 구매 등을 담당하는 중심장치로서의 가능성을 본 것이다. 다만 이 기기에는 이동성이 구비되어 있지 않기 때문에 자연스럽게 보행이 가능한 로봇의 형태로 그 모습이 바뀌고 있을 뿐이다. 미래학자의 예측으로는 2020년경에는 1가구당 1대의 가정부 로봇이 설치될 것이라 하는데 필자의 개인적인 생각으로는 그 시기가 훨씬 빨리 찾아올 것이라 여겨진다. 기술의 혁명적인 발달은 더욱 가속화될 것이기 때문이다. 따라서 그 시기쯤 되면 로봇은 이미 로봇이라는 객체가 아니라 가족의 일원으로 대우받을 수 있는 하나의 인격체가 되어있지 않을까 한다.

수술로봇

수술의 흉터를 남기지 않는 것, 그것은 외과 의사들의 오래된 꿈이다. 특히 절개 부위가 큰 심장외과 수술은 의사들에게 부담이 큰 수술로 꼽힌다.

전통적인 심장외과 수술은 환자의 가슴을 30㎝ 정도 가른 뒤 흉골 사이로 톱질을 해서 심장이 드러날 때까지 갈비뼈를 절개한다. 환자의 몸에 엄청난 부담을 주는 것은 물론이고, 길고 흉한 수술 자국을 남기지 않을 수 없다.

의사들은 뼈를 절개하고 근육을 자르는 대신 수술부위에

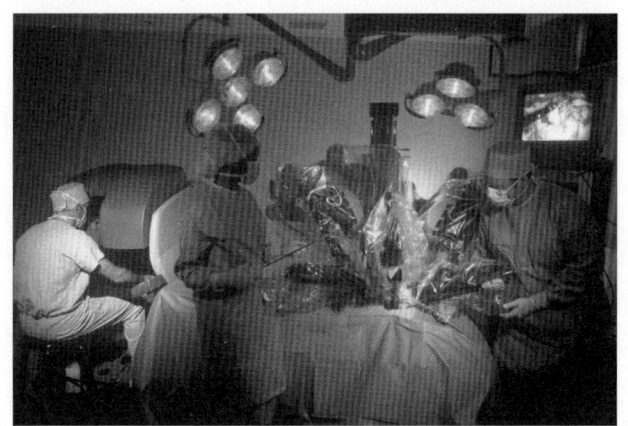

세인트 피에르(St. Pierre) 병원 소속 외과 의사들이 다빈치를 이용해 인체의 흉강(胸腔)을 검사하고 있다. 왼쪽 수술 콘솔에 앉은 의사는 2개의 카메라가 전송해 주는 3차원 입체 영상으로 수술 부위를 보며 수술을 집도하게 된다(인튜이티브 서지컬).

작은 구멍을 내고 내시경과 소형 수술기구를 삽입하는 방법을 발전시켜 왔다. 그러나 최소침습법(minimally invasive surgery)이 라고 불리는 이 기법은 의사의 손에 비해 구멍이 너무 작고, 긴 길이의 수술 기구 때문에 시술이 섬세하지 못하다는 단점 이 있었다. 이러한 의사들의 걱정은 이제 로봇수술의(手術醫) 의 등장으로 사라져가고 있다.

미국 캘리포니아 주 서니베일의 키퍼 로드가(街)

인튜이티브 서지컬(Intuitive Surgical)의 현관을 들어서자 '인 간 손의 한계를 넘어서(Beyond the limits of the human hand)'라 고 씌어진 액자가 방문객의 눈길을 끈다. 60여 명의 엔지니어가 활동 중인 이 회사는 미국 식품의약국(FDA)의 면허를 받은 사상 최초의 수술 로봇 '다빈치(da Vinci)'의 산실(産室)이다.

이 회사는 올해 쉰 살 동갑인 로브 영과 프레드릭 몰이 지난 1995년에 창업한 기업이다. 전자공학자인 로브 영은 휴렛팩커드에서 일했던 로봇 연구자였는데, 의사 출신인 프레드릭 몰이 그를 영입하여 같이 손을 잡고 100만 달러짜리 수술 로봇 다빈치를 만든 것이다.

몰 박사는 1995년 스탠퍼드 리서치 인스티튜트(Stanford Research Insitute)가 만든 초보 단계의 수술용 로봇을 보고, 수술 로봇의 상업적 성공 가능성을 확신했다고 한다. 두 사람은 SRI가 개발한 수술로봇 기술을 채용해 다빈치를 만들었는데, 다빈치가 인체를 대상으로 첫 수술을 한 것은 1997년 3월이었다. 그리고 2000년 7월 당시 FDA국장이었던 제인 헤니는 "이 외과용 로봇은 첨단 의료기술 개발의 선두주자로서 앞으로 재래식 수술형태에 커다란 변화를 몰고 올 것"이라는 말과 함께 다빈치에게 수술면허증을 내줬다.

다빈치의 외양은 사실 산업용 로봇의 팔에 가깝다. 독자적으로 수술을 하는 것도 아니다. 정확히 말하면 다빈치는 수술 의사의 능력을 극대화하는 보조장비라고 하는 편이 옳다. 그러나 다빈치를 통해 수술하는 의사들은 너무나 섬세한 움직임 때문에 무언가를 원격조종한다는 느낌 대신 자신이 직접 수술을 하고 있다는 생각을 하게 된다.

다빈치는 환자의 몸에 연필 크기 정도의 구멍만 있으면 수술을 할 수 있다. 그 구멍을 통해 원격으로 조종되는 로봇의 금속 팔 3개가 들어가는데, 인간의 손목보다 더 자유롭게 회전할 수 있는 이 로봇 팔 끝에는 각각 초소형 수술기구와 조명등, 광섬유 카메라가 달려있다.

의사는 수술대에서 몇 걸음 떨어진 수술용 콘솔에 앉는다. 그는 고해상도 화면을 통해 카메라가 10배로 확대하여 보여주는 수술 부위를 본다. 집게처럼 생긴 조종장치에 손가락을 끼우고 로봇 팔 끝의 수술 장비를 이용하여 의사는 심장 부근의 미세한 혈관과 신경을 자르거나 집는 등의 시술이 가능하다.

다빈치의 주특기는 관상동맥 우회수술이다. 이것은 심장에 혈액을 공급하는 관상동맥이 좁아져 피가 제대로 통하지 않을 때, 환자 몸의 다른 부위에서 떼어낸 동맥이나 정맥을 심장 관상동맥 혈관 부위에 접합해 우회혈관을 만드는 수술이다.

다빈치가 '집도'하는 수술의 장점은 우선 절개부위가 작아 환자의 고통이 작고 수술에 따른 부작용이 적다는 것이다. 가슴 전체를 절개하지 않아 감염과 합병증의 가능성이 낮고 회복이 빨라지며, 출혈이 적어 수혈과 관련된 사고의 위험성도 줄어든다. 「뉴스위크」는 '전통적 방식의 수술은 환자가 회복하는 데 6.8일이 걸리지만 로봇을 이용한 수술을 받은 환자의 회복기간은 2.8일이었다'고 보도했다.

다빈치의 등장으로 외과 의사의 정년도 크게 늘어날 전망이다. 다빈치에 탑재된 컴퓨터가 수술의사의 수명을 단축시키는 주범 중 하나이던 손떨림을 자동으로 보정해 주기 때문이다. 인튜이티브 서지칼의 기술 마케팅 담당 데이브 로사에 따르면 앞으로 80세의 노(老)의사가 수술하는 광경도 볼 수 있을 것이라고 한다.

다빈치가 밝힌 또 하나의 가능성은 원격(遠隔) 수술이다. 즉, 고속의 유무선 네트워크를 이용해 후방에 있는 의사가 최전방에 있는 부상병을 수술하거나, 미국에 있는 의사가 한국에 있는 환자를 수술하는 것이 가능해지는 것이다. 심지어 지구에 있는 수술집도의가 화성 우주기지에 있는 우주인의 맹장제거 수술을 할 수도 있다. 아마도 푸른 수술복과 마스크를 한 수술의가 긴장된 목소리로 칼과 가위를 외치는 풍경은 이제 사라질지 모른다. 뿐만 아니라 매년 겨울 신문 스포츠면을 장식하던 유명 프로 선수들이 미국이나 일본의 저명한 의사로부터 수술을 받기 위해 출국했다는 뉴스도 점차 보기 힘들어질 것이다.

다빈치는 현재 미국, 일본, 유럽, 인도 등의 130여 개 대형 병원에서 활약 중이다. 100만 달러에 달하는 가격이 문제긴 하지만 지금까지 세계 각 병원에서 1,500여 건의 수술을 성공적으로 마쳐 '몸값'을 톡톡히 해냈다.

2000년 4월 다빈치가 오하이오 주립대 메디컬센터에서 62세 남성환자를 상대로 수술을 하던 장면에 대해 「뉴욕 타임스」가 '으스스하다'고 표현한 것을 생각했을 때 현재 다빈치가 보여주는 이러한 활약상은 격세지감을 느끼게 한다. 「뉴욕 타임스」는 당시 상황을 '마취된 환자는 푸른색 천에 싸여 수술대 위에 누워 있지만 그의 몸에 손을 대는 사람은 없다'며 괴기스럽게 표현했다.

데이브 로사는 "아직까지 대형병원이 아니면 100만 달러짜리 외과의를 둘 필요를 못 느낀다"고 말했다. 그러나 그는 "10년 뒤에 세계 모든 병원의 수술실에 다빈치를 보급하는 것이 우리의 목표"라고 덧붙였다.

선생님로봇

요즈음 컴퓨터를 통한 EBS 교육이 한창이다. 모든 학생들에게 균등한 교육의 기회를 제공한다는 측면에서 이러한 현상은 매우 고무적이고 미래 지향적이라 할 수 있다. 이 교육방식의 가장 큰 장점은 시간 그리고 공간을 초월하여 누구에게나 같은 내용의 교육이 가능하다는 데 있다. 강의내용을 저장해놓으면 몇 번이고 다시 볼 수도 있고 한밤중이든 새벽이든 공부하고자 하는 시간을 학생 스스로가 선택할 수 있다. 얼마나 편리한 시스템인가. 문제가 될 수 있었던 서버의 처리용량 문제나 전송속도 등은 한국이 보유한 기술과 네트워크 인프라 덕분에 쉽게 해결되고 있다고 한다.

그러나 이러한 새로운 시스템이 가지고 있는 근본적인 한계점들도 있다. 첫째로 컴퓨터를 중간에 두고 있다는 점에서 현장감이 아무래도 떨어질 수밖에 없다는 단점, 둘째로는 학생 스스로가 원하지 않으면 교육의 효과가 기대보다 적을 수 있다는 점이 그것이다.

첫 번째 문제점은 디스플레이 및 음향기술 등의 발달로 많이 보완되고 있어 아마도 몇 년 후면 학교나 학원 현지에서 강의를 듣고 있는 것 같은 정도의 현장감이 가능해질 것 같다. 그러나 두 번째 문제점은 이러한 새로운 교육방법 역시 정보의 흐름에 관한 측면에서는 어쩔 수 없이 단방향의 것일 수밖에 없다는 근본적인 한계를 가지고 있다는 점에서 첫 번째 문제와는 좀 다르다.

이러한 한계를 해결해 줄 수 있는 것이 바로 로봇이 가지고 있는 능력 중 가장 실질적이고 강력한 기능인 인간과 로봇간의 상호작용 기술이다. 이것을 적절히 이용하면 지금까지의 개념과 완전히 다른 교육이 가능할 것으로 판단되는데, 그 이유는 로봇에게 실제 선생님 기능을 대신하는 새로운 객체로서의 역할을 부여할 수 있기 때문이다.

선생님로봇은 다양한 상호작용 기술을 이용하여 학생의 수업태도, 수학능력 등을 판단할 수 있음과 동시에 개개인의 진도관리 및 숙제검사도 매우 용이하게 할 수 있다. 무엇보다 로봇에게 선생님의 권한을 부여함으로써 일방적인 교육이 아닌 인격화된 개체와의 상호작용이 가능해지고, 이를 통해 교육의 효과를 높일 수 있다는 커다란 장점이 있다. 로봇의 지능이 더욱 발전할수록 이러한 효과는 당연히 배가될 것이며 결국 교육의 기본 체제 역시 이러한 방향으로 발전될 것이다. 실제로 미국 CMU에서는 인간과 컴퓨터 간의 기술을 활용한 컴퓨터

국내에서 개발한 교육용 로봇
'아이로비'

교사 프로젝트가 수행되고 있는데, 컴퓨터 안에 존재하는 가
상교사가 학생 개개인과의 일대일 맞춤식 교육을 해줄 수 있
기 때문에 기존 교육과정의 단점을 극복하는 새로운 형태를
제시하는 교육방법이 될 수 있을 것이다. 여기에 로봇의 기능
이 더해진다면 단순한 컴퓨터 가상교사가 아닌, 움직이는 인
격체에 해당하는 로봇교사에 의하여 또다른 차원의 교육도 가
능해질 것이다.

에필로그 - 우리에게 비전은 있다

지능형 로봇과 한국: 로봇으로의 융합(Robot Convergence)

2003년에 '지능형 로봇산업'이 정부에 의해 한국의 10대 차세대 성장산업 중의 하나로 선정되었다. 급변하는 세계에서 앞으로 한국이 주력으로 나아가야 할 산업으로 로봇산업이 선택된 배경에는 여러 가지가 있겠지만, 시장 자체가 아직 열리지 않고 있는 지능형 로봇 분야가 선정되었다는 면이 시사하는 바는 매우 크다.

21세기 과학기술의 특징 중 하나는 엄청난 발전 속도다. 컴퓨터의 비약적 발전에 힘입어 인간 게놈지도가 예상보다 빨리 2001년에 완성됐고 정보기술 및 나노분야의 발전상은 그야말로 눈부시다. 아마도 앞으로 10년간의 과학기술 발전이 지금까지 인류역사를 통틀어 이룩한 과학기술의 진보를 능가하는 업적을 내보일 수 있을 것이다.

양적 팽창에 주력해 온 과학기술 발전은 점차 삶의 질 향상에 초점이 맞춰지고 있다. 인간을 이해하고 인간에 의해 개발된 창조물들에 인간의 여러 인지기능을 부여함으로써 좀더 편리하고 지능화된 생활환경을 이룩하고자 하는 것이다. 이를 가능하게 하기 위해서는 나노 바이오 정보기술 분야에서 쏟아져 나오는 새로운 혁신기술들을 적절히 융합(convergence)하는 기술이 필요하다. 그래야 새롭고 다양한 산업이 일어날 수 있다. 그 중심에 지능형 로봇기술이 있다고 생각한다.

언제쯤 지능형 로봇의 시기가 도래할 것인가에 대해서는 논란이 있으나 지능형 로봇 분야 자체가 미래에 엄청난 산업 분야로 성장할 것이라는 예측에는 이견이 없다. 현재 청소용 로봇, 위험작업 로봇 등이 서서히 시장을 열어 가고 있는데 과거 컴퓨터산업과 같이 어느 순간 폭발적으로 시장 형성이 이뤄질 것으로 전망된다. 시장 형성 외에도 지능형 로봇 기술이 기존의 우리나라 주력 산업들에 추가적인 성장 동력을 제공하는 측면도 주목해야 한다.

현재 융합이라는 개념에 가장 근접한 휴대전화의 발전을 들여다보면 이러한 변화를 쉽게 이해할 수 있다. 과거의 붙박이 전화선을 잘라내고 어디든지 들고 다니면서 통화하는 완벽

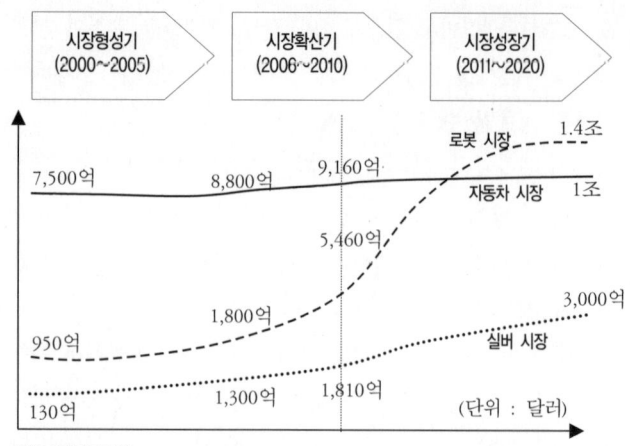

로봇 시장규모 예측.
데이타는 UN–ECE, 「월드 로보틱스 World Robotics」(1999)와 미쯔비시 연구소의 「21세기 기술과 산업」(1999)을 참고하였다.
자동차 시장은 독일 자동차 산업 협회(German Association of the Automotive Industry (VDA) 2003 Annual Report)의 자동차 증가 속도와 2002년 기준 자동차 한대를 1만 2,500달러로 산정하여 계산하였다.
실버시장은 한국생산기술연구원, 실버산업 개발을 위한 연구기획 2002 자료의 노인생활지원 및 의료시스템의 2개 분야 만을 고려하고 9%의 성장률을 바탕으로 산출하였다.

한 이동성으로부터 엄청난 시장을 창출한 휴대전화 산업은 이제 그 활용의 중심이 전혀 다른 곳으로 옮겨지고 있다. 음성인식 기반의 자동차용 내비게이션, 인터넷과 연계된 서비스 제공 산업 등이 그 예인데 머지않아 휴대전화 본래의 시장보다 오히려 더 큰 시장이 형성될 것으로 예상된다.

로봇 산업도 결국 비슷한 산업구조를 만들어 갈 것이다. 지능형 로봇 분야의 핵심 기술들은 현재 우리나라가 강점을 가지고 있는 통신 자동차 가전 등과 결합해 이전에 상상하지 못했던 새로운 산업을 창출할 것이다. 예를 들자면 인간의 인지

기능이 장착된 지능형 휴대전화를 이용한 미래형 비서, 졸음 방지 및 충돌방지 기능 등이 장착된 지능형 자동차, 노인을 부양하는 지능형 실버타운 등을 꼽을 수 있다.

결국 어느 나라가 먼저 핵심 기술들을 확보하고 이를 통해 부가가치가 높고 진보된 산업을 창출하느냐가 미래산업의 운명을 좌우하게 될 것이다. 우리나라가 가지고 있는 장점을 충분히 인식하고 여기에 맞는 전략을 구사한다면 21세기는 우리나라가 주도해 나갈 수 있으리라고 믿는다.

참고문헌

김문상·강성철, 「위험작업 로봇 Robhaz DT3」, 『민군겸용기술 과제』, 2004.

김문상·이길성, 「인간과 사랑하는 로봇」 「모듈로봇」 「우주로봇」 「에티켓 로봇 Grace」, 조선일보, 2003.1.

박정훈, 「ASIMO」, 조선일보, 2003.1.

Ian Pearson, *The Macmillan Atlas of the Future*, Myriad Editions, 1998.

Karel Capek, 김희숙 옮김, 『로봇 R·U·R *Rossum's Universal Robots*』, 길 출판사, 2002.

Kevin Warwick, 정은영 옮김, 『나는 왜 사이보그가 되었는가 *I, Cyborg*』, 김영사, 2004.

Mark E. Rosheim, *Robot Evolution*, Wiley-Interscience, 1994.

Peter Menzel and Faith D'Alusio, Electric Dreams, *Robosapiens*, The MIT Press, 2000.

Phillip Carter, "Tomorrow's Soldier Today", *Slate*, 2004. 3.

World Robotics, IFR, 2001.

http://www.sony.net/products/aibo

http://www.generation5.org/content/2001/mrb.asp?Print=1

http://world.honda.com/ASIMO/

http://slate.msn.com

http://www.ri.cmu.edu/

http://www.ri.cmu.edu/people/kanade_takeo.html

http://www2.parc.com/spl/projects/modrobots/people/

http://people.csail.mit.edu/brooks/

http://www.microsystem.re.kr/intro.asp

http://robonaut.jsc.nasa.gov/robonaut.html

http://marsrovers.jpl.nasa.gov/home/

http://robotics.eecs.berkeley.edu/~pister/SmartDust/

http://bleex.me.berkeley.edu/bleex.htm

http://www.yujinrobot.com/

로봇 이야기

| 펴낸날 | 초판 1쇄 2005년 6월 10일 |
| | 초판 3쇄 2015년 11월 17일 |

지은이	김문상
펴낸이	심만수
펴낸곳	(주)살림출판사
출판등록	1989년 11월 1일 제9-210호

주소	경기도 파주시 광인사길 30
전화	031-955-1350 팩스 031-624-1356
기획·편집	031-955-4671
홈페이지	http://www.sallimbooks.com
이메일	book@sallimbooks.com

| ISBN | 978-89-522-0387-8   04080 |

126 초끈이론 아인슈타인의 꿈을 찾아서　eBook

박재모(포항공대 물리학과 교수) · 현승준(연세대 물리학과 교수)

빠르게 발전하고 있는 초끈이론을 일반대중이 이해할 수 있도록 쉽게 풀어쓴 책. 중력을 성공적으로 양자화하고 모든 종류의 입자와 그들 간의 상호작용을 포함하는 모형으로 각광받고 있는 초끈이론을 설명한다. 초끈이론을 이해하기 위해 필요한 양자역학이나 일반상대론 등 현대물리학의 제 분야에 대해서도 알기 쉽게 소개한다.

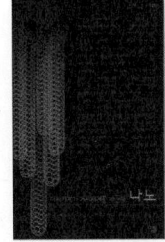

125 나노 미시세계가 거시세계를 바꾼다　eBook

이영희(성균관대 물리학과 교수)

박테리아 크기의 1000분의 1에 해당하는 크기인 '나노'가 인간세계를 어떻게 바꿔 놓을 것인지에 대한 해답을 제시하는 책. 나노기술이란 무엇이고 나노크기의 재료들은 어떻게 만들어지는가, 나노크기의 재료들을 어떻게 조작해 새로운 기술들을 이끌어내는가, 조작을 통해 어떤 기술들을 실현하는가를 다양한 예를 통해 소개한다.

448 파이온에서 힉스 입자까지　eBook

이강영(경상대 물리교육과 교수)

누구나 한번쯤 '우주는 어디에서 시작됐을까?' '물질의 근본은 어디일까?'와 같은 의문을 품어본 적은 있을 것이다. 물질과 에너지의 궁극적 본질에 다가서면 다가설수록 우주의 근원을 이해하는 일도 쉬워진다고 한다. 이 책은 바로 이러한 질문들의 해답을 찾기 위해 애쓰는 물리학자들의 긴 여정을 담고 있다.

035 법의학의 세계　eBook

이윤성(서울대 법의학과 교수)

최근 드라마나 영화를 통해 일반인의 호기심을 자극하고 있지만 거의 알려지지 않은 법의학을 소개한 책. 법의학의 여러 분야에 대한 소개, 부검의 필요성과 절차, 사망의 원인과 종류, 사망시각 추정과 신원확인, 교통사고와 질식사 그리고 익사와 관련된 흥미로운 사건들을 통해 법의학에 대한 이해를 돕는다.

395 적정기술이란 무엇인가

eBook

김정태(적정기술재단 사무국장)

적정기술은 빈곤과 질병으로부터 싸우고 있는 전 세계의 사람들에게 희망을 안겨주는 따뜻한 기술이다. 이 책에서는 적정기술이 탄생하게 된 배경과 함께 적정기술의 역사, 정의, 개척자들을 소개함으로써 적정기술에 대한 기본적인 이해를 돕고 있다. 소외된 90%를 위한 기술을 통해 독자들은 세상을 바꾸는 작지만 강한 힘이란 무엇인가에 대해서 알 수 있을 것이다.

022 인체의 신비

이성주(코리아메디케어 대표)

내 자신이었으면서도 여전히 낯설었던 몸에 대한 지식을 문학, 사회학, 예술사, 철학 등을 접목시켜 이야기해 주는 책. 몸과 마음의 신비, 배에서 나는 '꼬르륵' 소리의 비밀, '키스'가 건강에 이로운 이유, 인간은 왜 언제든 '사랑'할 수 있는가에 대한 여러 학설 등 일상에서 일어나는 수수께끼를 명쾌하게 풀어 준다.

036 양자 컴퓨터

eBook

이순칠(한국과학기술원 물리학과 교수)

21세기 인류 문명에서 가장 중요한 요소 중의 하나로 꼽히는 양자 컴퓨터의 과학적 원리와 그 응용의 효과를 소개한 책. 물리학과 전산학 등 다양한 학문적 성과의 총합인 양자 컴퓨터에 대한 이해를 통해 미래사회의 발전상을 가늠하게 해준다. 저자는 어려운 전문용어가 아니라 일반 대중도 이해가 가능하도록 양자학을 쉽게 설명하고 있다.

214 미생물의 세계

eBook

이재열(경북대 생명공학부 교수)

미생물의 종류 및 미생물과 관련하여 우리 생활에서 마주칠 수 있는 여러 현상들에 대해, 알기 쉽게 풀어 설명한다. 책을 읽어나가며 독자들은 미생물들이 나름대로 형성한 그들의 세계가 인간의 그것과 다름이 없음을, 미생물도 결국은 생물이고 우리와 공생하고 있다는 사실을 알 수 있을 것이다.

375 레이첼 카슨과 침묵의 봄 `eBook`

김재호(소프트웨어 연구원)

『침묵의 봄』은 100명의 세계적 석학이 뽑은 '20세기를 움직인 10권의 책' 중 4위를 차지했다. 그 책의 저자인 레이첼 카슨 역시 「타임」이 뽑은 '20세기 중요인물 100명' 중 한 명이다. 과학적 분석력과 인문학적 감수성을 융합하여 20세기 후반 환경운동에 절대적 영향을 준 레이첼 카슨과 『침묵의 봄』에 대한 짧지만 알찬 안내서.

277 사상의학 바로 알기 `eBook`

장동민(하늘땅한의원 원장)

이 책은 사상의학이라는 단어는 알고 있지만 심리테스트 정도의 흥밋거리로 알고 있는 사람들에게 바른 상식을 알려 준다. 또한 한의학이나 사상의학을 전공하고픈 학생들의 공부에 기초적인 도움을 준다. 사상의학의 탄생과 역사에서부터 실생활에서 적용할 수 있는 간단한 사상의학의 방법들을 소개한다.

356 기술의 역사 뗀석기에서 유전자 재조합까지

송성수(부산대학교 기초교육원 교수)

우리는 기술을 단순히 사물의 단계에서 생각하기 쉽다. 하지만 기술에는 인간의 삶과 사회의 배경이 녹아들어 있다. 기술의 역사를 통해 우리는 기술과 문화, 기술과 인간의 삶을 연결시켜 생각할 수 있게 될 것이다. 이 책을 읽은 후 주변에 있는 기술을 다시 보게 되면, 그 기술이 뭔가 다른 느낌으로 다가올 것이다.

319 DNA분석과 과학수사 `eBook`

박기원(국립과학수사연구소 연구관)

범죄수사에서 유전자분석에 대한 관심이 커지고 있지만 간단하게 참고할 만한 책은 거의 없는 실정이다. 이 책은 적은 분량이지만 가능한 모든 분야와 최근의 동향을 소개하고 있다. 특히, 내용의 이해를 돕기 위하여 서래마을 영아유기사건이나 대구지하철 참사 신원조회 등 실제 사건의 감정 사례를 소개하는 데도 많은 비중을 두었다.

eBook 표시가 되어있는 도서는 전자책으로 구매가 가능합니다.

㈜**살림출판사**

www.sallimbooks.com

주소 경기도 파주시 문발동 522-1 | 전화 031-955-1350 | 팩스 031-955-1355